古本の時間

内堀弘

晶文社

ブックデザイン　平野甲賀

古本の時間◆目次

I

降ってくる〝虹の破片〟を買って（二〇〇一～二〇〇五）

❖

II　まるで小さな紙の器のように（二〇〇六〜二〇〇九）

❖

III　驚くような額を入札し、それでも買えない（二〇一〇〜二〇一三）

❖

I

——降ってくる〝虹の破片〟を買って（二〇〇一～二〇〇五）

日録・殿山泰司と沢渡恒

某月某日

編集者の郡淳一郎さんから電話。「沢渡恒《さわたりひさし》の作品集の件ですが……」。そういえば、半年ほど前、古書展の会場で郡さんにばったり会ったときに、この話を聞いたのだった。いい話ですね、そう言って私は何かをホイホイ引き受けたような気がする。「別冊附録の方もそろそろ……」。そうだ、その附録の冊子に何かを書くのだった。

「で、沢渡恒さんの奥様にインタビューできることになりました」

面白い。

沢渡恒は、戦争前夜のモダニズム詩誌『カルト・ブランシュ』の実質的な主宰者だった。この時期の詩誌は分裂と融合を繰り返すのが常だったが、なぜかこの一群だけにはそれがなかった。偏屈な稲垣足穂も巻き込みながら、しかしインディペンデントな姿勢を最後まで保って、戦時下の雑誌統制で消えていく。戦後ほどなくして沢渡恒は病死、この詩誌の流れは絶えたように見える。「奥さんへのインタビューはどうですか」、郡さんが言う。私あたりが何か書くより、そちらの方が全然面白い。「僕も読むのが楽しみです」、そう応えると「それはよかった、では内堀さん、お願いします」。郡さんはそう言うのだった。

某月某日

郡さんと一緒に、写真作家沢渡朔《はじめ》さんの事務所を訪ねる。沢渡恒の子息である。インタビューの前に、沢渡恒夫人・敏子さんに顔合わせをしておこうというのであった。

お話をしていて、敏子さんもかつて坂窗江《さかまどえ》の名前で『カルト・ブランシュ』に参加していたことを知る。そうか、この人が坂窗江か、私は嬉しくなった。というのは、何年か前、この雑誌の総目次を作ったことがあって、その時、とても気になっていた名前だったのだ。女流の中でとても硬質な作品を書く詩人で、なぜ、他の雑誌でこの名前を見ないのか、そのことが不思議だった。しかし、そうだとわかると、なんだか懐かしい友に会ったような気がしてきた。古いお話にも「そうそう、そうでしたね」などと答えてしまうのである。いわゆる「タメグチ」である。といっても、みな、私が生まれる前の話なのだ。こういう図々しさは治したいと思う。

敏子さんが大事にされていた古いアルバムを見せていただいた。

「トノヤマさん、若いでしょ」。私たちの前に、お見合い写真のような一枚の写真があった。

「一九三八年　殿山泰司」、写真の横には綺麗な字でそう書かれていた。

某月某日

それにしても、毛のある殿山泰司のことを誰かに話したくてしょうがない。用もないのに友人の月の輪書林に電話をして、強引に殿山の話題に持っていき、「そういえば」と、さも思い出したように「殿山泰司ヘアー写真」の話をすると、驚いてくれる。友人はありがたいものだ。

私が子供の頃、「しゃあけえ大ちゃん」というテレビ番組があった。もう四十年ほども前のことだ。誰に話しても「そんなの覚えてない」と言うから、マイナーな番組だったのかもしれない。覚えているといっても、「オイ、大!」、そんな殿山泰司のぶっきらぼうな声や、背中を丸めた小さな後ろ姿ぐらいだ。

でも、大人になってからも、殿山泰司を見れば「あっ、大ちゃんのオジサンだ」、私はまずそう思うのだった。なんだか記憶の果てにある「オジサン」の若い頃に出会ったような懐かしい気分だ。

某月某日

インタビュー用に、朝から資料に目を通す。以前、『カルト・ブランシュ』の総目次を作ったときに、やはり当時同人だった山田有勝さんを丸ビルの職場に訪ねたことがある。「殿山泰司という筆者は、役者のトノヤマタイジのことですか」。小さなカフェでそう質問をすると、「そう、あのタイちゃん」、こともなげに答えてくれた。私は、他にうかがいたいことがあって、殿山の話題はその確認以上には踏み込まなかったように思う。

私が気になっていたのは、ボン書店との関係だった。『カルト・ブランシュ』の前身に『詩とコント』という雑誌がある。昭和十二年創刊のこの雑誌に、「ボン書店」は最後の広告を載せていたのだった。

昭和三年に『詩と詩論』が創刊され、いわゆるレスプリ・ヌウボオの風が時代を吹き抜ける。そんな風を帆に受けてボン書店という小さな出版社も登場したのだが、その弾けるような風が勢いをなくすとそっと姿を消してしまった。ちょうどその頃に、『カルト・ブランシュ』の連中は自身の新しい試みを旗揚げしたのだった。その中心に沢渡恒がいた。ボン書店の最後と、沢渡たちの最初が一瞬交差した。それが、この広告だった。

その橋渡しをしたのは、岩本修蔵ではないか。当時、『VOU』の中で北園克衛と岩本との間に何かが起きていたのか。「別になにもないよ」、飄々《ひょうひょう》とした山田さんに、そんなはずはない、私はむきになって尋ねていたように思う。こういう迷惑な性格も治したい。

某月某日

かつて『カルト・ブランシュ』の同人だった津田亮一さんのお宅にうかがう。ここで沢渡敏子さんも交えて当時を知るお二人からお話をうかがうことになった。私は聞き手である。ベラベラ喋ってはいけない。「そんなはずはないでしょ」と喰ってかかってはいけない。私は聞き手、呪文のように肝に銘じた。

話が始まると、私にはどの話もとても新鮮だった。当時の立教大学の学生グループが、まるで沢渡恒の人格的な魅力によって結束していた様子は、他のモダニズム雑誌にはみられない姿だった。この一群が、分裂することもなく、他と融合することもなく廃刊までを駆けていく、その理由を私は初めて知った。そこに、稲垣足穂と殿山泰司が合流してくるのだった。「中江がタイちゃんを連れてきた」。そう津田さんは言う。『詩とコント』の創刊（昭和二十一年）にも参加する立教の学生・中江良介が殿山と一緒に新築地劇団の役者をしていた。この中江の影響だろうか、沢渡恒も立教文学座を名乗って芝居をしたことがあるらしい。

「私たちは四谷でも一緒でしたから」。敏子さんも懐かしそうに話してくださった。沢渡恒と敏子さんは昭和十四年に結婚する。新婚生活は四谷だった。殿山泰司が『三文役者あなあきい伝』（講談社、昭和四十九年）の中で「四谷時代」と呼んでいる一時期だ。三人姉妹がやっていた「コマツ」という喫茶店は、「行けば誰かがいる」という溜まり場で、殿山もよく顔を出していた。人形劇団プークや新築地の連中、『カルト・ブランシュ』の仲間、いつも誰かがいたその情景が、六十年が過ぎた今もこの二人には見えているようだ。

「あんなに面白い人っていいなかったですね。いつも周りを笑わせて」。敏子さんが言う。殿山の話になると、二人ともとても楽しそうだ。「タイちゃんはいい男だったですよ。沢渡は誰に対しても平等だったしね」。津田さんがそう応えた。

昭和十四年一月、稲垣足穂が『カルト・ブランシュ』の同人に加わる。同じ年の八月、殿山泰司も同人になった。「四谷区坂町五八」、同人住所録にはそう記されている。

某月某日

古書目録を見ていたら「若い舞台裏　献呈署名入　中江良介著　昭12　五、〇〇〇」を見つける。すぐに注文のＦＡＸを送る。この頃中江はまだ学生ではないのか。

実は、自分の店の目録で、以前この本を売ったことがある。丸山定夫が序文を書いていて、演劇関係の本だな、それぐらいしか考えなかった。まさか、これが殿山文献だったなんて。

某月某日

テープ起こしをはじめる。殿山泰司の話題の中で津田さんが言った「沢渡は誰に対しても平等だった」、この言葉が気になった。殿山は『三文役者あなあきい伝』の中で「バカで無知な俺を、いくらかでも文学というものに、文学はおおげさだな、本を読むということか、関心を向けさせてくれたのは沢渡恒である」と書き、「役者である俺に」そんなことをしてくれた沢渡は「終生忘れ得ぬ友であり、その友情を今でも深く感謝している」としている。

津田さんからも同じような言葉を聞いたのだった。「本を読むと言うことを沢渡から教えてもらった」と。津田さんはその後新聞記者の道を歩むが、私家版でまとめ上げた『瀧井孝作書誌』で、一九九七年に第一回ゲスナー賞を受賞した。「沢渡と出会わなかったら、あの仕事はなかった」。そう津田さんは言う。

「行くところといえば古本屋と飲み屋ばかりで、床屋にも行かなかった」という沢渡に、文学への痛いほどのひたむきさの、その幅より広い度量があったということなのか。

沢渡恒は出征中に肺結核を再発し、戦後は郷里の山形で入退院を繰り返していた。そして、再び上京することなく、昭和二十六年に亡くなる。三十五歳の若さであった。殿山は、この山形にも見舞いに出かけていた。

某月某日

インタビュー原稿が終了。郡さんから電話。五月に、原宿の書店ナディッフで沢渡恒作品集『エクランの雲』（イヴ叢書）のブックフェア開催が決まったとのこと。殿山泰司の著作や、子息沢渡朔さんの写真集も一緒に並ぶのだという。殿山と沢渡の書いたものが並ぶのは、「四谷時代」以来のことではないか。

某月某日

沢渡さんの事務所にうかがう。もう一度見たい写真があった。それは毛のある写真ではなくて、いつもの禿げた殿山の写真だった。昭和五十八年、近親の人たちによる沢渡恒の三十三回忌に殿山も出席している。そのときのスナップ写真には、どこかの座敷だろうか、かつて『カルト・ブランシュ』の同人だった山田有勝、津田亮一と並んで殿山泰司の姿がある。殿山が大事にしてきた渡世の友情が、ここには写っているような気がしてならなかった。だから、もう一度見ておきたいと思ったのだ。

この翌年、沢渡敏子さんに届いた殿山の年賀状には、ちょっと照れたような自画像の下に、「またみんなで集まろうぜ」、そう書かれていた。ここにいるのは、四谷「コマツ」のタイちゃんだと、私は思った。

神保町と山口昌男さん

クリスマスの午後、神保町で山口昌男さんたちと会うことになった。古本屋の私には、神保町はグラウンドのようなところで、本とも人とも自分とも、みなこの街で会ったような気がする。山口さんと会うのもいつもこの街だ。古本屋と客。そうなるのだろうか。でも、プレーヤーと観客という関係ではなかったように思う。このグラウンドでは山口さんもまたいつもプレーヤーだった。

神保町の交差点を白山通りに折れ、イタリアンレストラン「豆の木」へむかう。ここで「東京外骨語大学」の納会を開こうというのだった。この奇妙な学校は山口さんが学長、坪内祐三さんが助教授、そして月の輪書林、なないろ文庫、私の古本屋三人が学生。これでもう十年も続いている。

きっかけになったのは、目黒の小さな区民会館だった。そこで地元の古本屋さんたちが主催する山口さんの講演会が行われる予定だった。「予定だった」というのは、実は山口さんが日時を勘違いしていて、これをすっぽかしてしまったのだった。

それから二週間後、「すっぽかしお詫び講演会」が開催されたのだが、この「空白の二週間」

の間に、山口さんは神保町の古書展で雑誌『集古』をまとめて手に入れていた。

集古会というのは、明治から昭和初頭にかけて同好の士が古書骨董絵画、なんだかいろいろな古いものを持ち寄っては含蓄を語り趣味を披露しあう集まりで、『集古』はそこの会報のようなものだった。得たばかりの『集古』を持参した山口さんは、いくらか贖罪の意識もあったのか、それこそ火を噴くような熱弁でこの雑誌から見えてくる明治趣味人のネットワークの豊かさを語った。いや、熱弁はすっぽかしの贖罪意識などではなかったのだと思う。『集古』はこんなに面白いんだと語る山口さんは、「たとえばここにこんな記載がありますが」とその部分を読み始めると、もう憑かれたように読み続ける。そのうち、「おっ、こんなことも書いてある」と読んでいる本人が驚いて、その場で付箋をペタペタ貼りはじめるのだった。聴衆の私たちのことなど眼中にはないというふうだ。『集古』を読み、驚き、四方八方に連想が飛び、また戻り、驚き、それら全てが言葉となって溢れ出てくる。そんな興奮が立ち上がっていく様を、私たちは眼前にしていたのだった。

実をいうと、私は『集古』のことなど全然知らなかった。それでも、古本の持つ途方もない面白さに巻き込まれていくような気がした。

「空白の二週間」がこんな興奮を用意していたのだった。思えばこれをきっかけに、どこか集古会のような小さな集まり、東京外骨語大学が生まれることになった。今は多忙な坪内助教授も、あの頃は雑誌編集者を辞めて本屋と図書館巡りに忙しい無職の暇人であったし、山口学長も本家東京外国語大学の定年を迎え、こういってはなんだが、昼間から神保町をプラプラしていた。私たち古本屋三人も、たいした稼ぎもないのに時間だけは妙に持て余していて、何かといっては集まった。集まっては古本の話に熱中し、それはグラウンドで古本を投げ、打ち、走る、私にはそんな時間に感じられるのだった。

山口さんが『「敗者」の精神史』で大佛次郎賞を受賞したのもそんな頃だった。そのお祝いのパーティーを「豆の木」でやることになった。学長の受賞なので東京外骨語大学の主催でやろうということになった。外骨は好奇心の天才宮武外骨に由来する由緒正しいものではあったけど、しかし、招待状に刷ってみるといかにも不審な名前であった。会場は「豆の木」で、ここも素敵な店なのだけど、地図で説明するには「白山通り沿いパチンコ屋二階」と、これもいかにもものの寂しげなのである。

しかし、私たちは、教室は焼鳥屋「八羽」、講堂は「豆の木」と神保町をキャンパス化していた。坪内助教授の初めての著作『ストリートワイズ』の出版記念会も、後に学生高橋徹が出した『古本屋月の輪書林』のそれも学校行事としてここで開いた。だからこれも学校行事だよと、思えば古希も近かった受賞者は愉快そうに言うのだった。お祝いの会は百名以上の方が会場を埋めて、まるで学園祭のような賑わいとなった。

二〇〇二年のクリスマスの午後。「豆の木」で納会をしていると、「実は年内で閉店することになりました」、店のオーナーからそんな挨拶をされた。

人も少なくなった昼下がりの店内が、急に懐かしいものに感じられた。あの頃に比べると、たしかにみないくらか気ぜわしく暮らしている。まるで青春を振り返るような気分だろうか。

でも、昼間から学校の納会といっては集まっているのだ。まだ愉快のうちにいるのだと、私は思った。

テラヤマを買う

二十年以上も前のことだ。寺山の原稿を買わないかと声をかけられた。声をかけて下さったのは、Pさんという中井英夫の古い友人で、あの頃でもう定年を過ぎてただろうか。いつも和服の人だった。私は古本屋をはじめたばかりで、古書の知識も、なにより資力もなかったけれど、詩歌集の古本屋を作ろうとしていることを珍しく思って下さったのだと思う。

寺山の著作がまだ古本屋の均一台で西日を浴びているような時代だった。それでも早稲田の文献堂書店に行けば『血と麦』が五千円に付いていて、初期の歌集はこんなに高いものかと驚いたものだ。今、この歌集に八万とかときには十万という値が付けられているけれど、でも五千円で驚いたのは私が馬鹿だったわけではなくて、たしかにいい値だったのだ。ちょうどその頃、京王百貨店の古書展で、寺山が俳句を書いた小色紙が五千円で売れずに残っていた。私はそれを買ったのだが、迷わず買ったというのではなくて、『血と麦』に五千円を出すなら、色紙を買った方がお得ではないかと、それなりにややこしく考えた記憶があるのだ。馬鹿ではなかったが、大きくなれる器でもなかったのだ。

Pさんに呼ばれたのはそんな頃だった。

「君、これだけまとまった寺山の歌稿はないよ」。なぜだか忘れたが、そんな大事な原稿を私たちは縁側に腰かけて並んで見ていた。その昔、月刊『短歌』の新鋭何人かの特集に載った「自選百首」の歌稿で、「季節が僕を連れ去ったあとに」と題がついている。原稿用紙で二十三枚、とてもいいものだった。実際の歌数は二十首ほど多く、それを削って百首に減らしている。「削ったのは中井なんだ」と教えられた。

編集者中井英夫のこと、若かった寺山のこと、縁側でいろんな話をうかがったが、私は気もそぞろだったのだと思う。これが欲しくてしょうがなかったし、でもいくらで買えばいいものかもわからなかった。

「二十五万円で買ってほしい」と言われた。いくらなんでもそれは高いと思った。それを見透かしたように「高いけど、まとまった歌稿はない。手放すと言っているのだから、買っておかなければだめだ」。その語気がとても強かった。そうかもしれない。でも、月々の家賃にも苦労していた駆け出しの頃だ。縁側に腰掛けながら、私は頭の中で何度も指を折った。

何をどう工面したのかは忘れたが、何日かして私はこれを頒けていただいた。でも、どうしようかと思った。

限定二十三部で『季節が僕を連れ去った後に』という歌集が出来ないものか、というのは我ながらいいアイデアだった。本文は活字ではなく原稿の複製として、二十三枚の自筆原稿は各冊に一枚ずつ貼り込む。つまり、置き去りにされた百首の原稿を二十三人で共有するのだが、五十年百年という時間の中でこの本も古書として世界を転々とするのだから、この二十三人が何処の誰なのかはいつも分からない。それこそ千年経ったら、二十三冊がもう一度集められることもあるかもしれない。と、そんなことを考えると楽しくなったのだが、これを本にする金などもう何処にもなかったのだ。

そのうち寺山修司の古書人気がブームのように訪れ、古書価格も上がり続けた。そうなると限定二十三部の歌集は、いかにもあざといような気がしてきた。

このブームはいっこうに終わらなかった。いよいよ駄目になったら、これを売って食いつなごう。私はいつもそう思っていたが、でも、今が「いよいよ」の時なのか、もう少し平気なのか、そんなことで逡巡しているうちに四半世紀近い時間が過ぎていった。

以前、私の店の近くに、学生時代に岸上大作と同人誌を共にした歌人のTさんが住んでいた。二年ほど前、久しぶりに顔を出したTさんから「去年、定年になったよ」と聞いた。岸上大作も生きていれば定年なのかと、ちょっと不思議な気もしたが、「僕の娘だって、岸上の死んだ歳をもうとっくに越えてるんだから」。Tさんはそう言って笑った。父親の世代の青春をわしづかみにした著作が、その子の世代にも同じような熱を持って受け入れられる。寺山が残していった古本はそうしたものかと思った。

「手放すと言っているのだから、買わなければだめだ」。私を叱りつけたPさんも、思えば親ほども歳の離れた人だった。いつか、あのときの縁側に座っていた若造のような誰かに、私も同じ台詞を言うのだろうか。言ってみたい気もする。

読書日和——本作りの現場の本

古本屋をやっていると、「私たちはいったい何を売っているのだろう」と思うことがある。もちろん古本を売っているのだ。だけど、お客さんはその古本の何を買っているのだろうかと思う。

先日、タイプデザイナーをしているスズキ君が、北園克衛の詩集『風土』を見せてほしいと訪ねてきた。アバンギャルド詩人の草分けが、戦時中（昭和十八年）に出した静かな詩集だ。ところが、本を手にしても、彼はじっと表紙を、いや正確にいうと裏表紙を見ているきりなのだ。この裏表紙の真ん中あたりには陶淵明の漢詩が四行だけ刷られている。つまり、この漢詩だけがデザインとなっているのだ。つくづくと感心している。もちろん、漢詩にではない。その活字の選び方、大きさ、字間、置き位置が絶妙ということらしい。「三十分見ていても飽きないですよ」、スズキ君は本当に幸せそうだ。どうも、これが傍目に羨ましい。その裏表紙を見れば、私だって「渋い」とか「カッコいい」とは思うのだが、でもこれは、三十分見ていても飽きない人に言うほどの感想でもない。たしかに、字で書かれた物語の他にも、「本」には見どころがたくさんあるものだ。

『エディトリアルデザイン事始』（松本八郎著・朗文堂）を読むと、本作りの現場、つまり言葉を活字にする仕事とは、「渋さ」や「カッコのよさ」だけを作るものではないことがわかる。「読みやすさ」をどう作っていくのかという仕事なのだ。しかし「読みやすさ」というのは測りづらいではないか。

たとえば、こんな体験談が載っている。著者があるPR誌のレイアウトを手伝っていたときのこと。「漢字が五割近くも占めている文章なんて、いったい誰が読む気を起こしますか」と、編集委員の高田宏氏から校正刷りを渡される。彼はこう続けた。「レイアウトマンだからこそ組み面《づら》のトーンを考えて、読みやすくしなければならないんじゃないですか。漢字の黒々としたところと、白っぽいかなのところでは読む速度も違ってきます。あなたから著者にことわった上で、この漢字群をかなに直しなさい」。いや、凄い仕事だなと思う。

本文書体の選び方、置き方からはじまり、こうしたことまで。でも、「なんて読みやすい組み面なんだ」とスズキ君なら感動できるだろうけど、我々にとって「読みやすかった」はその文章であって、こうした人たちの仕事の成果だとは意識されないものだ。しかし、意識されないその裏側に、現場の仕事というものは貼りついているのだ。

『活字に憑かれた男たち』（片塩二朗著・朗文堂）にも、活字や活版印刷の現場に生きた、それこそひたむきな群像が描かれている。このなかに、昭和十三年に解散した東京築地活版製造所の最後の活字父型彫刻士の話がある。活字の原型を一文字ずつ手で彫っていくという途方もない仕事をした人だ。この最後の彫刻士の活字とはどんなものだったのだろう。それが『南洋群島解説写真帖』（昭和六年）という本に使われているというのだ。となると、この本を、南洋の写真集としてではなく、最後の築地活版活字彫刻士の活字作品集として探している人もいるかもしれない。

古い本を手にすると、これはいつも思うことだが、本は著者だけの作品ではない。活字をデザインした人、それをレイアウトした人、印刷した人、製本した人、そして出版した人の作品でもある。そんな無名の痕跡が、たしかに本には刻まれているのだ。その痕跡を読もうという人がいる。本の読み方はいろいろだ。

そういえば、ふりがなを「ルビをふる」と言うが、これは宝石のルビーからきているそうだ。五・五ポイントの小さな活字をルビーと呼び、大きくなるとダイヤモンド、エメラルドと区分したらしい。言葉を宝石で編む。素敵な話だと思った。

追悼・岩森亀一（古書店三茶書房店主）

一九八五年のことだ。谷中の鶉屋書店の在庫が、古書業者の入札会に出たことがある。いわゆる売り立てだ。鶉屋といえば、明治以降の詩歌書を見事に揃えた店として今でも知られている。その主人飯田さんが重い病に臥して、とうとう閉店を決意した。その売り立てだった。圧巻と言うしかない優品の中に、谷崎潤一郎の「春琴抄」、朱漆装限定三部という特装本があった。

駆け出しの私には、縁遠い本だったが、それでも記憶にある本だった。この二年ほど前に、飯田さんはある入札会にこの本を出したことがあった。しかし、止め値（この金額以下では取引に応じないという値）が、三百万だったか四百万だったか、とにかく高すぎたために結局買い手がつかなかった。その同じ本を、今度は止め値なし、つまり、いくらでもいいから手放すというのだった。しかし、「春琴抄」は四百万円ちょうどで落札された。落札者は三茶書房の岩森亀一さんだった。

一冊の本の落札値としては、それまでにない最高の額だった。同世代の二人は、兵隊から戻って、たたき上げでそれぞれ魅力的な古書店を作った。そんな経験も似ていたから、志半ばの無念さもまた痛いほどわかったのだろう。「あれが三茶さんの友情だよ」。先輩の業者が私にそう教えてくれた。

古いものを買うということは、すなわちそれを思う自分を買うことだと聞いたことがある。岩森さんのことを思うと、私にもこの言葉の意味が少しはわかるような気がした。

古本屋という仕事は、つくづくその人の志のうちに立ち上がるものだ。だから、本好きが本屋をやる、そんな牧歌性がここにはまだ残っている。以前、岩森さんが、同業の友人と、作家の尾崎一雄の家に遊びに行った話を聞いた。少し早めに着いたので、国府津の駅で駅弁を買う。近くの見晴らしのいい場所に新聞紙をひろげてその友人と食べていたら、本の話、小説の話にすっかり夢中になってしまったというのだ。いや、戦前の話などではない。このとき、二人とも五十歳を越しているのだ。

たしかな志を持ち、変わらない清廉さを保った古本屋だった。享年八十四歳。そんな老人に会えたのだ。古本屋になってよかったと、私は思う。

古本屋の雑記帳

どこへでも飛んでいく店

「ずっと準備中の古本屋がある」と雑誌に書かれたことがある。前を通ってもいつも準備中で、この店は何をそんなに準備しているのだろう、そう書かれていた。いかにも怪しげなその古本屋が、私の店だ。

東京の郊外の住宅街で古本屋をやっている。といっても、通販の古本屋だ。古書目録という在庫カタログをお客さんに送って注文をいただく。なぜ店売りではないのかといえば、店では売れない本ばかりだからだ。

いや、変な意味ではない。私の店は近代の詩歌集が専門で、中でも一九二〇年代から三〇年代のものに力を入れる。しかし、こんな偏った品ぞろえでは、店売りはまず続かない。

では、店ではどんな本がよく売れるのか。いや、そんなものはもうないという業者もいる。ただ、売れる場所があるだけなのだ、と。世知辛い世の中だ。何を売るのかより、どこで売るのかが大切だというのだ。ならば、どこにでもないところに店を作って、思うところの本を扱っていこう――。それが通販の古本屋だ。
在庫カタログの中には、古本屋がまるごと一軒入っている。カタログが出来れば、店ごと、どこへでも飛んでいくのだ。

「破片」に時代が映る

私が古本屋を始めたのは一九八〇年で、四半世紀前のことだ。在庫らしい在庫もなくて、学生時代の友人からわけてもらった『森鷗外全集』だけが、唯一、本らしい本だった。

あのころは、全集が古本屋の花形商品で、中でもこの鷗外全集は古書価も高かった。そう、駆け出しの古本屋の一張羅のようなものだった。

ところが、この二十五年で、全集ほど人気が落ち込んだものはない。全集や叢書など基本図書といわれたものは総じて不人気となり、よりオリジナル性の強いものに人気は移っていった。いや、この何年かは、本の形をしていないものが人気だ。「紙もの」と呼ばれているチラシとかポスター、昨今人気が沸騰しているのは古い絵はがきだ。

たしかに、分厚い研究書よりも、破片のようなものにその時代が色濃く映ることがある。例えば、今読んでいる新聞も、十年後に見れば、肝心の記事よりも、テレビ欄や広告にその時代らしさを感じるに違いない。重要とか基本とか、そんなしっかりしたものより、どこか儚《はかな》げなものに懐かしさは残るものだ。

私は、古い詩集だとか、片々たる詩雑誌を夢中になって追いかけてきた。それでも、鷗外全集を見ると、無性に懐かしくなる。可哀想なほど安い古書価が付けられているが、全三十八巻、堅固な箱に収まって、まことに堂々としたものだ。これを一張羅にしていたころの私自身がここには映っている。ちょっと大きいが、これも「破片」なのだ。

寄り道の連続の面白さ

去年（二〇〇四年）の秋、北海道・小樽の文学館で「小樽・札幌古本屋物語」という展示会があった。古本ではなく、古本屋そのものを展示しようという試みだ。

会場内の、路地のような通路の左右には小さなブースが並べられていて、「古本屋の一角」が再現されている。

例えば、積み上げられた本に囲まれる事務机が展示されていたり、天井から床までびっしりと古書の詰まった本棚の一部が置いてあったり、仕入れてきたばかりの未整理の本の山があったり……。

そんな光景は、例えばステキなデザインの冊子や貴重な古書が並ぶ展示に比べれば見どころも少ないように思うのだが、しかし、いつまで眺めていても飽きないのだ。

なるほど「古本屋」のイメージを切り取るとこんな感じになるだろう。つまりどこか雑多な雰囲気。でもそれが古本屋の一番の魅力ではないかと思う。

古本屋は、本を探す近道を知っているように思われているけれど、それだけではない。それこそ雑多な棚を眺めているうちに思いがけない本を見つけて夢中になってしまう。近道どころか寄り道の連続だ。

実は、古本屋の面白みはそこから始まる。わくわくするようなことはたいてい寄り道の途中で起こるものだ。

そういえば、小樽で出会った古本屋さん、七〇年代に東京から北海道の大学に進み、そのまま この街で古本屋を始めたそうだ。彼は、ずいぶん長い寄り道の途中にいるのだ。

訪ねたことのない懐かしい店

昭和初期の少年雑誌を整理していたら、中からはがきが出てきた。外地にいる父親へ近況を伝えようとしたものだが、あて名はない。読みかけの雑誌にはさんだまま、八〇年の歳月が過ぎてしまった。何の役に立つわけでもないが、こういう、人の気配が捨てられずに小さな箱に入れておく。

古本は、人を経てくるのだから、そこに気配を残すものだ。太宰治が感想を書き入れているというのなら古書価もぐんと上がるだろう。でも、たいていは書き損じのはがきがはさまっていたり、余白に書き残された、思い詰めたような感想だったりする。

そういえば、先日仕入れた城左門《じょうさもん》の古い詩集に「山王書房」のシールが残っていた。この店は東京・大森にあって、文学書のそろった古書店として知られていた。ずっと以前に店主が亡くなり、店はもうない。店主は大の本好きで、おおらかな人柄であった。

といっても、私は追悼文集を読んでその人の人柄に触れただけだが、しかし何度も読み返しているうちに、一度も訪ねたことのないこの店が、何だか懐かしい店になってしまった。

「蔵書一代」というが、山王書房も店主に編まれた物語のようだった。その物語が終わって、書架の古書は、組まれた活字がまたばらばらになるように散っていく。屋号を印刷しただけの小さなシールは、この詩集がかつて山王書房に並んでいたことの証しだ。そこから、遠い日の気配も伝わってくる。

幸せな苦労が残っている場所

古本屋は、今日仕入れた本を明日売るようなことをしてはいけない。駆け出しのころ、同業の大先輩からそう教えられた。詩書の専門で知られた老店主だった。

私も、詩集の古本屋を作りたかった。しかし、入札会に行っても何も買えない。たまに買えれば、買値が高すぎてもうからない。いつもバタバタしていた。

大先輩もよほど見かねたのだろう。本が買えたからといって、すぐ売るんじゃない。せっかく授業料を払ったんだから、それがどんなものなのかしばらく勉強なさい。そう言われたのだった。

しかし、こちらは駆け出しだ。そんなことをしていたら食べてはいけない。そう言うと、だから古本屋はいつまでも食うや食わずなんだよと笑うのだった。

去年、個性派といわれていた大型の新刊書店が突然営業を中止する騒動があった。書店ではなく、親会社の経営不振が原因と伝えられ、そういうものかと思った。どんどん大型化する新刊書店の世界では、本好きの個人が自分の書店を作る、そんな牧歌性はもう残っていないようにみえる。

古本屋はずっと小さな規模だけれど、なによりも個人の志で書店を作ることができる。なにしろ、いつまでも食うや食わずなのだ。幸せな苦労が残っている最後の場所なのだと思う。

コルシカさんのこと

「次の号は『星の王子様』の特集なんだって」。お茶の水の喫茶店で六さんが言った。京都で出ている『アピエ』というリトルマガジンのことで、六さんはずっと昔に京都の大学に通っていたから、知り合いも多いのだろう。

「サン＝テグジュペリって、コルシカ島の辺りで死んだんでしょ」。私がそう聞くと「へえ、そうなんだ」と気のない返事をする。そもそも私たちに『星の王子様』はいかにも不似合いな話題だが、それでも、私にはちょっと懐かしさもあった。

というのは、「書肆コルシカ」という古本屋を思い出したからだ。

私が古本屋をはじめた頃、コルシカさんは背中までとどく長い髪にいつもGパンをはいていて、もっともあの頃は私も似たような風体だった。四、五歳は年上だったから、彼も五十代も後半のオジサンになっているのか。

コルシカさんが初めて私の店に来た日のことを覚えている。ぐるっと棚を見渡して「本当に何もないねえ」、そう言って笑った。今にもう見かけなくなった木造モルタルのアパートの、その一階の五坪ほどの小さな店だった。

「でも、最初からそこそこある店は、たいていそれよりは面白くならないよ」。コルシカさんはそんなことを言うのだった。誉め言葉とは思わなかったけれど、こんな風体をしていても妙に含蓄のあることを言うものだと感心した。

「何もないね」と言ったコルシカさんが、たった一つ面白がったのが、床に生えた草だった。オンボロの店だったので床の古いPタイルが小さく剝がれていて、乾いた土がのぞいてた。そこから草が一本生えていて、それをしゃがんでじっと見ていた。これはナントカという珍しい種類の草だと教えてくれた。いや、本当に珍しい草なんだとあんまり真剣に言うので、それがおかしかった。

コルシカという屋号の由来を聞いたのもきっとその頃だ。「『星の王子様』には古本屋にとって大切なことが全部書いてある」。どういうことかは分からなかったけれど、そんな言い方が、いかにもこの人らしかった。

古本屋は売るのが仕事ではなくて、買うのが仕事なんだと教えてくれたのもコルシカさんだった。店をやっていると、そこで売れる本がいい本に見えてくる。だから駄目なんだ。自分が欲しい本、買いたい本をどれだけ心の中に持っているかが全てだ。だから、できれば店なんかない方がいい。本は眼で探すんじゃない。

私は、こういう言い回しにとても弱かった。

高校一年生のときに、赤いヘルメットを被ったタカシ先輩が休み時間の教室にやってきてアジテーションをはじめた。「今こそ当局のそうした実態を断固としてボーロし」と言ったとき

「ボーロではなくれバクロではないですか」と誰かが一声飛ばすと、どっと笑い声がおきた。でも、そんな漢字も読めないトンマな先輩に、新大久保の喫茶店で「ウチボリ、一緒に途方ない夢を見よう」と言われて、私はすっかりその気になってしまった。思えばあの頃からそうだったのだ。

コルシカさんは私がツボにはまるような言い回しが上手だった。たまにやって来ては、それこそ「途方もない」話をしていった。お互いスカンピンで、一緒にアルバイトに行ったこともある。古本屋が本を買うためにバイトをする。情けない話だが、でもそのおかげで、あれこれの夢も見られるのだから、我々はラッキーなんだ。そう言われると、たしかにそんな気もしてきて、欲しい本にだけ誠実であろうと、私は思うようになった。

しばらくして、といっても二年ほどが過ぎた頃だろうか、コルシカさんが姿を消した。あちこちで借金を踏み倒し、あれは夜逃げだというのを聞いた。そうか、僕らはそうやって消えていくのかと思ったら、心の中を薄暗い影がすっと通り抜けていくようだった。あれから二十年以上が過ぎた。

古書の入札会で、私はコルシカさんの消息を何人かにたずねてみた。しかし、四半世紀も前に、ほんの数年だけ郊外にあった小さな古本屋のことを覚えている同業はいなかった。「で、屋号でなくて、名前はなんていう人だったの」。そう尋ねられて、私ももう彼の本名を思い出せなかった。

しばらくして『アピエ』という雑誌が届いた。「なにか書きませんか」という手紙が添えられていて、実はそれがきっかけで私は初めて『星の王子様』を読んだ。

昼下がりの神保町の食堂でこれを読んでいた。初めてなのに、どこかで一度読んだような気がした。そんなことをぼんやり考えていたら、ふと、窓の外の坂道を、長髪の私とコルシカさんとが何かを話しながら足早に通り過ぎていったような気がした。入札会が終わったんだ。そして、あの小さな古本屋に帰るところだ。奇妙だけど、私にはとてもリアルな感覚だった。あの店の、床の割れ目から生えている一本の草が、まるで大切な薔薇の花のように、むしょうに懐かしく思い出された。

古書肆の眼・日録(I)

二〇〇二年

■某月某日

五反田の入札市にバウハウス関係の原書がまとまって出ている。建築関係の洋書四十冊一括というのがあって、なかにバウハウス叢書が三冊ほどあるのだ。いや、その他がさっぱりわからない。それでも業者の勘というのがあって、×十万以下では買えそうもない。とにかく買って、その面白味をとことん調べたいのだが、しかしドイツ語、英語というのがいけない。「とことん」追いつめる自信も湧かず、ここは撤退。

別な場所に出ていた古い詩集の束の中に、『井口蕉花詩集』（昭和四年・限定百部）がある。井口は大正期、名古屋で発行された伝説の詩雑誌『青騎士』を編集する。春山行夫、山中散生という今は知られるモダニストたちもここに参加していた。井口は二十六歳の若さで逝き、友人たちは彼の最初で最後の詩集をまとめた。これは欲しい。

散らばった破片を蒐めるように古本を買い続ける。その日々がすなわち古本屋なのだと私は思う。そうとでも思わないことには、説明がつかないのだ。

というのは、そうした「日々」のおかげで、私の店は足の踏み場もない。古本が溢れ、お客さんはもう入れなくなってしまった。たまに、訪ねてくださる方がいらしても、「これは凄いことになってますね」という眼差《まなざ》しに、申し訳ないような、恥ずかしいような。でも、ここは私の頭の中そのままだからしょうがない。

夕方、事務所（嗚呼もう店じゃない）に戻ると、昨日の落札品が運送されていた。戦前の小さな出版社の主人の日記十年分。いつも資金繰りに困っていたようで、苦闘の日々が綴られている。もうひとつは、黒田朋信の原稿一括。たしか黒田は大正初期の三越に関わっていたはずだ。いずれにしろ、僅かに残された足の踏み場も減る一方、明日は、名古屋モダニズム・井口蕉花の詩集が入った束が来るはずだ。

これでも、私のところは詩歌書が専門だ。戦前の小出版―三越―名古屋モダニズムは、いかにもとりとめもないが、繋がっている。こうして本は増えていく。ドイツ語や英語がスラスラ読めなくてよかった。

■某月某日

楽しみにしていた日月堂の古書目録が届く。「二十世紀都市のエレメンツ1920〜1930」という尖ったタイトルで、装丁もまるでどこかの美術館の図録のようだ。

店主の佐藤さんは女性古書店主。毎月五千円の積み立てをして半年ほど前にパリへ出かけた。知人に作ってもらったというカード、「これはいくらですか」「もう少しまかりませんか」「これを買います」「これはいりません」、この四枚を見せながらパリの古本屋をはいずり回ってきたと、楽しそうに話してくれた。

もちろん、この古書目録にはそんな収穫もちりばめられている。

ラインナップが本当に面白い。たとえば、こんな具合だ。『遷都祭博覧会遊覧の栞』は明治二十八（一八九五）年に開催された内国博覧会の冊子で、それに続いて昭和十一（一九三六）年刊行の『オリムピック競技場』という本が並ぶ。幻に終わった第十二回東京大会の施設計画試案が収められている。その後が、一九〇〇年パリ万博の絵葉書。さらに一九二〇年代のフランスのファッション雑誌と続く。その並びには、一九一〇年代の名古屋で呉服屋さんが出していた『モーラ』という雑誌があって、これが妙にアールデコだ。というのは、その隣に載っている二〇年代のパリのレストランメニューと比べても遜色のないセンスなのだ。呉服屋がここまでお洒落になって、いったい何がしたかったのか。

銀座松屋開店記念絵葉書がある。伊藤整が後にM百貨店と小説に書いたのがこのギンマツだ。並んで二十世紀初めのパリ百貨店絵葉書八枚が一万五千円。あの時代のパリ街頭を舞った風花が一枚二千円もしないのだ。

そんな時代の破片が千点も並ぶ。かの斎藤昌三翁なら、面白き紙屑と言うかもしれない。分厚い研究書よりも、無名な呉服屋のアヴァンギャルドな冊子に時代は映る。リアルタイムな時代の興奮は再現できるのだ。それを日月堂がしている。

■某月某日

「そういえば、江口さんが亡くなったの、去年だよね」。正月明けの喫茶店で、同業の友人とそんな話になった。三軒茶屋に近い世田谷の三宿、江口さんはそこにある小さな古本屋の主人だった。

八十七歳で亡くなるまで、現役の古本屋の親父。そんな歳まで飽きずにできるのだから、古本屋というのは幸せな商売だ。

私がこの仕事を始めたのは二十年ほど前で、その頃から「江口書店」という名前は伝説だった。凄い本がある、というのではない。雑本しかない、でも面白い。買えるんだよ。何かあるんだ。でも、なかなか開いてない。『ル・モンド』を直送でとっているらしい。そんな話をいろんな人から聞いた。

練馬のはずれから三宿まで、中古の原付バイクで一時間ほどかけて初めて出かけた日、店は閉まっていた。営業時間、つまり開いている時間帯が曜日によって複雑に違っていて、いきなり行った人はたいていは入れない。私も人並みに江口書店の第一関門を通過したような気がした。

看板には「雑本・雑書」とある。雑本というのは、誉め言葉ではないかもしれないが、古本の世界ではとても素敵な言葉だ。古本の面白味は、いつだってそこに潜んでいる。

古本屋は、出版とか流通とか、そんな巨大な世界の果てにあるわりには、本当に小さな場所だ。八十歳を過ぎた老店主が、五反田の古本市場で仕入れてきたものを並べる。それを楽しみに客が来る。あんなに複雑で短い営業時間でも本好きはどこからかやって来る。世界の果てはそういう場所であってほしい、ではないか。

棺の中には岩波文庫版のトルストイ『復活』を入れたそうだ。五反田の古本市場の人たちが、「江口さんらしいや」と言いながら見送るのが目に浮かんでくるようだった。

■某月某日

出たばかりの中山信如著『古本屋おやじ』（ちくま文庫）を読む。中山さんの店、下町三河島にある稲垣書店は、映画文献の専門で知られる店だ。

初めてこの人に会ったのはもう二十年ほど前になるだろうか。私が知るかぎり、この人の古本屋稼業は、こうすれば売れない店になるという、まるでそのための努力の積み重ねのようであった。

そう、忘れもしない十五年ほど前のことだ。古書業界に空前の映画パンフレットブームが到来した。片々たるチラシに一枚何万円という値が付き、古書展には「映画コーナー」なる一角までができた。子供も大人も熱狂していたのだから、今にして思えば映画の古本屋にたった一回垂らされた「蜘蛛の糸」だったのだろう。でも、この人は手を出さなかった。相変わらず売れないことでは定評のある映画文献にしがみついた。映画文献というのは趣味書じゃないんだ、これは研究書なんだ、映画文献の古書店が一軒もないようでは情けないではないか。

そうやって駆けてきた下町の古本屋のおやじの、心意気や吐息や啖呵が、この本には詰まっている。別に売れなくたっていいんだ、そんな気取ったポーズはない。かといって投げやりな仕草もない。馬鹿そうな顔をした客は、どうせ馬鹿な本しか読まないんだから来てくれなくてけっこう、そんな台詞はいかにも江戸っ子らしくて痛快だが、しかし、さすがに「商い」というだけあって、飽きずにそうしていれば、客は来なくなる。本日も売り上げゼロの店が出来上がっていくのである。なるほど、この逆をやっていれば千客万来になったのだろうか。でも、千の客と引き替えにしてでも作りたかった古本屋があったのだ。

それでもなんとか食べていけるのだから不思議だ。この国の資本主義がまだ未成熟なのか、それともとても成熟しているからなのか、そのへんはよくは分からないが、この本の後半に収められたサバイバルな日記を読めば、大笑いの後で得体の知れない元気は湧いてくるのである。

■某月某日

入札市に広告チラシの一束が出てきた。時代は昭和初頭といったあたり。商店街の大売り出しや、映画や芝居の興業チラシだ。場所は東京郊外の吉祥寺、西荻窪、そして上石神井。とてもマイナーなエリアだが、実は私が育ったのが、この三つの街を結ぶ三角形の真ん中あたり。こんな理由で入札に望める業者は私ぐらいだろうと、はりきって挑んでみたのだが、東京地誌の専門業者にあっけなく敗けてしまった。

上石神井というのは高田馬場から郊外に延びる私鉄の駅で、昭和初頭といえば、畑の真ん中にポツンと駅舎が建っていたのだろう。その駅前で、「アズマキネマ特別大興業」とか「新派喜劇大合同一座興業」が開かれるというチラシがあった。もちろん劇場などあるはずもなく、「仮劇場にて」とあるのは天幕だろうか。「花火合図に開演」と書いてあるのも凄い。

今で言えば、新聞の折り込み広告だ。そんなものにまで古書価がつくのか、そう思われるかもしれない。しかし、入札に惨敗してしみじみ思うことだが、こうしたなんでもない街場の風景は残っていないものだ。別に縄文土器とか城跡を発掘しようというのではない。何十年か前の話だ。でも、絵葉書や写真帖が切り取るのは名所旧跡のそれであって、人が暮らしていたフッーの風景を探そうとすると、これが存外大変なのだ。

一枚のチラシから、天幕を照らす灯りの眩しさや、背後の夜の暗さ、花火を合図に集まってくる人々の賑わいまでが伝わってくるようだ。いや、手に入らなかったものはどんどんよいものに思えてくるものだ。

以前、これも買えなかった本だが、街路灯を作っている会社の製品見本帖があった。これも昭和初頭のものだ。ここには、全国の商店街で我社の街路灯はこんなふうに使われていますと、当時のフッーの街の風景がたくさん映っている。つまり、昭和初頭の街頭写真集になっていたのだ。

それにしても、買えなかった本の中に閉じこめられたままの面白味は、どうしていつまでも心に残っているのだろう。厄介なことに、これがどんどん膨らんでいく。

■某月某日

朝から町田の国際版画美術館へ。見ておきたかった二つの展覧会が今週限りで終わってしまうのだ。一つは町田の「極東のモダニズム」、もう一つは神奈川県立近代美術館の「西村伊作の世界」。どうしたものか展覧会はいつも終わる頃に思い出す。終わってから思い出せば諦めもつくが、あと四日限りというあたりで気づいてしまう。「いけない、終わっちゃう」と思う。これがよくわからない。「見たい！」ではないのだ。

美術館に着いて知ったのだが「極東のモダニズム」ではなくて「極東ロシアのモダニズム」であった。日本、朝鮮、満州、ロシア、樺太と私は勝手に誤解していた（「極道のモダニズム」なら、もっと興奮したかもしれない）。

だが、見てみるとこれはとても面白いものだった。ハバロフスクやウラジオストクの美術館に収蔵されていたというプロパガンダポスターの類には、新鮮な泥臭さが溢れていて、飽きることのない興奮が最後まで続いた。札幌で環オホーツク地域文献を蒐集している先輩の同業サッポロ堂の石原さんから、そういえばよくこの地名を聞く。今度会ったらこの小さな興奮も伝えよう。

美術館を出て、同行の友人と高原書店へ向かった。市内にある大きな古書店だ。私は欲が深いので、今見知ったばかりの文献にも一冊ぐらい出会えるような気がしているのである。

この店はビルが一棟（四階まで）全て古本だらけで、しかも各階が小部屋に分かれていて（小会議室とか中会議室というように）、どこの部屋にも古本が並んでいるのは、夢に出てきそうな風景だ。気持ちを鎮めて棚を見ていくと、これも機縁だろうか、『消えた新聞記者』（久米茂・昭和四十三年）を見つける。革命後のロシアで謎の客死を遂げた大庭柯公《おおばかこう》の足跡を追った作品だ。展覧会を見て、古本屋に行って、外に出ると、もう陽が傾いている。これは仕事であったのか。いい一日であった。

■某月某日

入札市で落札した「戦前反戦ビラ一括」というものを朝から整理する。それにしても古書の世界には、何でも姿を現すものだと思う。

このビラ一括は、みるところ旧内務省の検閲官の旧蔵品のようだ。つまり、争議、反戦闘争、農民運動、諸々の運動の中から採取（というのだろうか）されたビラに目を通し、イケナイところに朱線を引き、もってして「禁止」とスタンプを押す。それがこの人の仕事だったらしい。それにしても、丹念に採取保存されている。たとえば名刺ほどの小さな紙片に「八月一日の街頭デモに参加しろ！」と印刷されているのだが、こんなものにも「内務省・禁止・昭6年8月3日」とスタンプがある（もっとも、デモは二日前に終わっているのだけど）。

かと思うと、浅草六区の映画館の争議のもので、「今夜、武装市街戦だ！　心意気を見に来い！」と書かれた、やたら大きくて誠に煽動的なステッカーもある。

大きなものから小さなものまで、この時代、非合法に撒かれたビラをこんなに蒐集できた人は、なるほどこういう人しかいないのだ。しかし、ビラ、ステッカーは人を扇動、オルグするための材料だ。検閲のためとはいえ、あちこちから蒐集されてきたビラを毎日読んでいると、どんな心持ちになるものなのだろうか。

こんなビラの詰まった木箱が入札市に出てきた。おそらく、元検閲官らしきその人の没後、事情を知らない遺族がもろもろの古本と一緒に整理して、それがこうして流れてきたのだろう。しかし半世紀ほどの間、この元検閲官はなぜこれを廃棄なり焼却にしなかったのだろうか。「遺す」とか「遺してしまった」ということは、どこかで繋げようとしていたのだと私は思う。古書の市場は、そういう無意識を吸い寄せるとても不思議な場所だ。

整理していくと、中にハングルのビラがいくつか含まれていた。両面印刷でそれぞれ邦文・ハングルになっている。まるで、箱の中で眠っていた紙切れたちを、一枚一枚眠りから覚ましているようだ。

■某月某日

初日の古書展を覗けば、阿部秀悦さんの顔がある。青猫書房の主だ。私はすっかり怠け者になって、気が向いたときにしか足を運ばなくなってしまった古書展を、この人は、二十数年間きっと皆勤なのだろうと思う。

「本当に三十五部しか作らないんですか」。そう尋ねると、「売れ行きの心配をしなくていいからね」。そう言って阿部さんが笑った。古書展を見終わった後の喫茶店で、近々出る阿部さんの本の話を聞いた。その部数が僅か三十五部というのだ。

阿部さんは「青猫」という古書目録を月刊で出してきた。初めて会ったのは、もう二十年以上も前になる。その頃から、この人は業者の市場に参加せず、ひたすら古本屋や古書展を歩き、目に留まった本を買い、そして目録を毎月作ってきた。その発行部数は百五十部程で、このストイックな姿勢は二十数年間変わることがなかった。いや、なによりも変わらないのは、書物への該博な知識とその高い選択眼だろう。

最も魅力的な古書目録は何かと尋ねられれば、躊躇なくこの目録だと私は思う。毎号三百点ほどだろうか、これを僅か一ヵ月の間に探しだす眼を持っている。古本屋は、そうした職人なのだ。たとえば二十年かけて集めた蔵書で古本屋を始めても、それが売れてしまえば、今度は同じ、あるいはそれ以上の質と量の古書を極短期間で集めなければならない。実はそこからが古本屋の仕事なのだ。

私も同業者として併走し、とにかく必死で本を探した。年に数回出す詩歌書の古書目録は分厚いものになってきたが、しかし、二十年の間この三百点の目録より面白いものが作れたと思ったことは一度もない。

「青猫」目録には、そんな主人の本探しのエピソードが「愛書閑話」として毎号載っている。まず古書のリストを見て注文に遅れをとらないようにしたいのだが、楽しみでつい最初に読んでしまう。その一部が本になった。胡蝶掌本『魔群の通過』、限定三十五部。これを古書店で見つけだせる才覚を持ち合わせているのは、たぶん阿部さん本人ぐらいではないのか。

■某月某日

この不景気な世の中で、今年も古本を追いかけながら瞬く間の一年を過ごすことができた。ありがたいことであった。悔いなどない。ないのではないかと思う。だが、強いてあげればあれだろうか。入札会の片隅に、どう見ても面白そうもない美術雑誌の束があって、どの業者も素通りしていたのだった。ふと、十冊ほどのその束を解いてみると、中に『AS』という大正末年の雑誌が混じっている。しかもグロッスの特集号だ。パラッと見ると柳瀬正夢《やなせまさむ》も書いていて、あわてて元に戻した。「安く買えるかもしれない」、ふとそう思ってしまうのが私の器の小ささなのだ。しかし、そうした自分との付き合いも長いのである。ここは悔いのない入札をしなければいけないと強く思い直して、雑誌一冊に家賃ほどの額を入札。ところが、結果は九十円差で負け。負けて思うのだが、「こんな値で落札してどうしよう」という額まで入札はしていないのである。これを得ようという気持ちを、しかし安くしか値踏みできていない。こういう負け方は尾をひく。二十年以上もこの仕事をしてきて、まだそんなものかと、私の中でことはどんどん大きくなっていくのであった。

その痛手から立ち直った夏、あるお客さんから本を買うことになった。深閑とした書斎で私は中原中也の署名本を手にしたのだった。献じた宛名もすこぶるいい。もう三十年も前に古書展で買ったものだと聞き、その頃はこんなものが出ていたのかと知るのは若輩の哀しさでもある。頒けていただきたい。悔いのない思い切った額を申し上げると、少し驚いたような顔をされて、「十分です」と納得をいただけた。嬉しかった。嬉しかったのだが、帰り際に「ちょっと驚きました」とお土産まで頂くと、ふと「高すぎたかな」、そんな悔いが私の小さな器の中に顔を出すのであった。

昔、親子ほども歳の離れた先輩業者から、「買えなくて悔いを残すぐらいなら、買って悔やみなさい」。そう言われた。あの頃はなるほどと思えたが、つまり、小者に悔いはつきものということであったのか。また一年が暮れていく。

■某月某日

「三島由紀夫って言っても知らない学生が何人もいるんだよ」。映画の専門学校で教壇に立つ友人から、そんな話を聞いた。

そういえば、以前、近代文学の先生のお宅にうかがったときのことだ。硝子戸の書架に三島の『金閣寺』の特装版が置かれていた。この先生の専門は明治の象徴詩で、そのオリジナル本の蒐書に長い時間を費やされてきた方だったから、ちょっと意外な気がした。「三島ですね」、そう話を振ると、「だってね、今の学生に蒲原有明や薄田泣菫の原本だ、カバー付きだって見せても、驚くやつなんていないんだよ」、笑いながら書架の『金閣寺』を手にした。「この本は三島の署名が入ってるでしょ。これは凄いって学生たちが驚くわけですよ。弱っちゃったね」。まるで好々爺というその笑顔も、もう十年ほど前のことだ。その三島さえも、という時代なのだろうか。

不況にデフレ。佳きこともない一年だったが、古書の入札会で人気、高値を印象づけたものを思い出してみる。まず村上春樹の自筆原稿だ。若手の業者が競って入札して、いきおいため息が出るような高値となった。知人の編集者にそんな話をしたら「原稿料より原稿の方が高いのか」と驚いていたが、ワープロになって自筆原稿そのものが少ないらしい。「同時代性なんですよ」、そう言われるとハアと答えるしかないのだが、たしかに私が入札会に出した「文学の鬼」宇野浩二の原稿、これはいたって不人気なのだった。

もう一つ、昭和三十年代の月刊漫画雑誌『冒険王』や『ぼくら』が二百冊ほどもあったろうか、これも驚くような値で落札されていた。戦後の近代文学の雑誌で、こんな高値になるものはない。思い出すのは子供の頃で、『冒険王』や『ぼくら』は別冊附録と一緒に紐で十文字に縛られて街の書店でキラキラ輝いていた。値段も高く、私は一度として買ってもらったことがない。本当に叶わない憧れだったのだ。でも、大人になっても相変わらず高くて買えないとは思わなかった。

古書の世界には、誰にとっても理解できる稀少性とは別に、その人の中でしか息づかない、つまり他の誰かにとってはどうでもいいようなものの中に、身を賭すように分け入っていく想いがある。どんな時代であっても、そんな無名な憧れや想いが、この世界を支えているのだと思う。森は横に広がり、樹は上に伸びている、ということか。

二〇〇三年

■某月某日

入院中の近代文学研究者・高橋新太郎さんのお見舞いにうかがうと、一時間ほど前に亡くなった、そう知らされた。フロアの控え室には、急な知らせで駆けつけた親族の人たちや、同僚の人たちが行き交っていた。古本屋がずいぶん間の悪いときに顔を出してしまったものだ。所在がないとはこのことだ。窓外に晴れ渡った一月の街並みが広がっている。『リアン』の西山克太郎が逝ったのも一月だったことを思い出した。あの病室の窓からも寒そうな風景が見渡せた。『リアン』は一九三〇年代初頭に、シュルレアリスムとコミュニズムの統合を目指した詩誌だった。後にこのグループの主要同人は検挙されるが、西山克太郎はそこに連座した最後の存命者だった。私は晩年の西山を知り、いろいろな話を聞いた。昭和が終わった数日後に西山が亡くなったとき、古書目録でこの無名なグループの特集を組んでみようと思った。といっても、肝心のリアン文献はない。手持ちの同時代の文献を並べ、その向こう側にこんな連中もいたんだと書き続けた。思えば奇妙な特集だった。

薄ぺらな冊子が出来上がり、百五十部ほどを発送した翌日の夜のことだ。一面識もなかった高橋新太郎さんから私の自宅に電話があった。「番号は電話帳で調べました」と丁寧なお詫びの後に、自分も以前から『リアン』に強い興味を持っていたこと、そしてこのカタログはいい仕事だと静かな口調で話された。突然のことにいくらか戸惑いながら、私はなんと答えたのかを覚えてはいない。でも、肝心の文献を載せることもできなかったカタログに、そこに込めた気持ちを「仕事」と認めてくれたことが本当に嬉しかった。

その後のお付き合いの中でも、高橋新太郎さんが近代文学研究者としてどんな実績を持つ人なのか、実はあまり知らないままだった。だが、この人の古書の注文の仕方や、選書眼、話す口振りや言葉遣い、驚く仕草、そんな一つ一つの記憶の方が、私にとっては大事なことだった。古本屋は客に育てられるのだという。新太郎さんの何気ない所作に、きっと私も育てられたのだと思う。

■某月某日

久しぶりに土屋書店に出かけた。地下鉄茗荷谷から歩いて五分ほどの、閑静な住宅街にある古書店だ。五坪ほどの小さな店だが、店主の目に叶った詩歌句集が揃っていることで知られている。

私が古本屋を始めたのが一九八〇年で、土屋書店もたしかその頃に開業したはずだ。といっても、この人は勤めていた会社を定年前に辞めて古本屋を開業したのだから、同じ新米といっても親子ほども歳が違っていた。それでも、古書の入札会でこの主人の「若い」眼力に、私はいつも負けてばかりだった。七〇年代が終わったばかりの頃、たとえば三枝昂之ら新鋭歌人がラインナップされていた反措定叢書に強い入札をしてくるのは、いつも土屋書店だった。「アララギあたりより、よほど面白いよ」。この人のストライクゾーンは広いものだと思った。

久しぶりに訪ねた店は本で溢れていた。通路の両側に胸の高さほどに本が積まれていて、私は靴を横にしながらその隙間を進んでいった。向きを変えようとしても、靴が一回転しない。私の靴は二六cmなので、つまり、通路の幅はもう二六cmもないのだった。ストライクゾーンが広いというのは、それはそれで大変なことになるものだ。

蟹歩きのような恰好で、私は菊岡久利の追悼文集『逢うは別れの始め』（昭和六十一年）を書棚に見つけた。面白そうだ。だが、すぐ側にあるのに、体をひねれないのでどうにも手が届かない。と、「スミマセン、イシカワジュンワアリマスカ」、アメリカ人のお客さんが、私の後ろから、蟹歩きで入ってきた。二六cmの本の隙間に、日米の大人二人が蟹歩きで並ぶのも相当ややこしい光景だが、それでも老店主は何事もなしというふうにニコニコしているのだ。古本屋はなんと不思議な場所だろうかと思う。古本が店を覆い尽くそうとしている。古本屋は「売りたい」より、やはり自分が「買いたい」のだ。客であれば、溢れかえる本の中で、こうなったら古本屋でも始めようかと思うのだろう。でも、もう古本屋なのだ。

■某月某日

「貧乏な人を紹介して欲しいのですけど」。いきなりの電話でそう言われた。貧乏対決のテレビ番組を制作する会社だそうだ。「本ばかり買っていて、気がついたら凄い貧乏みたいな人がいるんじゃないですか」。その口ぶりに微塵の含羞もないのだ。おおらかすぎて怒る気もしない。もうちょっと申し訳なさそうに尋ねるとか、そういうの、あるだろうとオジサンは思ってしまう。

この前は、「古本で、一番珍しい詩集ってなんですか」と、これもあっけらかんと質問された。でも、尋ねられて何だろうと思った。一般的には北村透谷の『楚囚之詩』（明治二十二年）が知られている。透谷最初の詩集だが、気に入らなくて一冊を残して断裁したと伝えられるものだ。昭和初頭の古書展である学生がこれを掘り出したと、八十年以上が過ぎた今もこの話は最大の「掘り出し物」として語り継がれている。だが、同じ本なのかどうかは知らないが、さしてキャリアのない私でもこの詩集は何度か見る機会があった。『楚囚之詩』は人気詩書番付のようなものでは横綱なのだが、もう一方の横綱といえば萩原朔太郎の最初の詩集『月に吠える』だろう。この本は二篇が削除となり、この無削除版は極稀とされている。「完全な無削除は存在しない」と言う人もいたが、しかし、これも何度か姿を現した。世に幻の詩集など存在しないという。確かにそう思う。古本屋という仕事をしていると、世に出た本は必ずここにたどり着くものだと思う。

だが、それでも、なんでこの詩集を眼にすることがないのだろう。そう思う詩集はある。私の場合、野口雨情の最初の詩集『枯草』（明治三十八年）がそれだ。迂闊者の眼にも、世に言う珍なる詩集は認めているのに、四半世紀の間にこの詩集だけはまだ見たことがない。いや、一度だけ早稲田大学所蔵のものを見て、本当にこの本は世に出たのだと知っただけだ。

だから、電話口の女の子に「雨情の『枯草』だと思いますよ」、そう答えると、「ウジョー？すみません日本人でお願いします」、彼女はそう言うのだった。

■某月某日

小さな倉庫を出ることになって、ここに詰め込んだ本を朝から整理する。倉庫といっても、良いものを大事にしまっていた場所ではない。どちらかというと、売れ残りや失敗。つまり損したあれこれをここに放り込んで、このことはなかったことにしよう、もう忘れてしまおうと、封印してきた場所なのだ。

まだ古本屋を始めたばかりの頃だった。小さな店のその棚を埋める本にも苦労していた駆け出しの古本屋にも、いろんな人がやって来た。値を付け間違えたような掘り出し物はないかと駆けつける人。たいした本もないと分かるや、今度は「いい本を譲ってあげよう」と美味い話を持ちかける人が現れる。「これは神田の××書房あたりでは五万円で売っている本だけど、あなたが気に入った。一万円で譲ろう」。実は二千円もしない本だと後になって分かる。考えてみれば初対面の人に気に入られる理由などどこにもないのに、こんな嘘にもコロリと騙されてしまう。結局は、こちらの欲、モノを「知らない」と言えない度量のなさ。私が悪いのだった。

そんな頃だ。「この詩集を二十万円で引き取っていただけないか」、そう言って一人の男性が現れた。一冊の古い詩集を前に、これがいかに得難いものであるのかを、彼は訥々とした口振りで話したのだと思う。四半世紀前の二十万円だ。ほら来たと身構えてはいたのだが、しかし話が上手で、聞いているうちにすっかり納得してしまった。「是非、買わせてください」。借金までして買ってしまったのは、吉岡実の詩集『液体』。昭和十六年に私家版として刊行されたものだ。売値二十八万で翌年の古書展に出すと、すぐに売れてしまった。売って下さった人にも、買って下さった人にも、とても感謝をした。が、あれからこの詩集を見る機会はなく、数年前久しぶりに入札会に出るや何倍もの値になっていた。嗚呼、あれが売れずにこの倉庫に残っていれば……。つまり、売れなくても、売れても、損だと思う。私の度量というものは、全然大きくなっていないのであった。

■某月某日

近所に、大きな古本屋さんがオープンした。ついこの前までドラッグストアだったところだ。そこが閉店になってがらんどうになると、背広姿の人が何人もやってきた。いわゆる新古書店というチェーン店の本部の人たちなのだろう。前を通るたびに、「本をお売り下さい」という大きな看板が付き、什器がどっと入り、商品がどっと入り、あれよあれよという間に古本屋さんが出来上がった。

いまどきの大きな空き物件に入るのは古本屋さんぐらいだと聞いた。銀行や証券会社のあとが古本屋になる時代だそうだ。そんな古本の大型チェーン店も、いろいろなタイプの古本屋のその一つだと思う。でも、その店が出来上がっていく光景を見ていると、古本屋という商売に、本好きがいくばくかの手持ちの本を並べて店を始める、そんな牧歌的な物語はもうなくなっているのかと思った。

街からマスターのいる喫茶店が消え、洒落たチェーン店のカフェが増えてきた。なんだか、それに似ている。古本屋とか喫茶店あたりは、ちょっとわけありの主人がやるもんじゃないのと思う。「千円からお預かりいたしました」、そんな丁寧語は使えないけど、阪神ファンの子供にはそっと飴玉握らせて「おまけだよ」でいいじゃない。

先日、東京堂書店の店長・佐野さんが、書店という場所が「現場」から「職場」になっているというのを、なるほどと思いながら聴いた。

開店した大きな店をのぞいてみると、「百円均一」の棚に木山捷平の『茶の木』（昭和四十年）が紛れ込んでいた。箱もないすすけた裸本は、いかにも居心地が悪そうだ。レジに持っていくと「ポイントカードはお持ちですか」、明るく声をかけられた。木山捷平を見つけたのだからポイントは高い方だと思うのだけど、もちろん、そういうことは関係ないのであった。

■某月某日

注文品を送ったお客さんから電話をいただいた。「あの本はどなたがお持ちになっていたものかお分かりになりますか」。あの本とは昭和十一年に出た『超現実主義との交流』（山中散生編）というもの。日本のシュルレアリスム文献の中では入手が難しい一冊だ。この本の巻末に「本所××書房で求む。昭和15年6月読了」とペンで書き入れがあった。正確に言えば、「読了」の後に個人名が書かれている。「私の父の名前なんです」。電話の主はそう言うのだった。

「私は昭和十四年の生まれで、父は十六年に病気で亡くなりました」。その後、二十年の空襲で母を亡くしたという。その住まいが本所だった。「私は両親のことをほとんど知らずにいましたから、もし縁のある方がお持ちだったのなら是非お会いしたい」とのことだった。

その本を、私は三ヵ月ほど前の入札会で落札していた。入札会の売買記録を調べてもらうと、出品者は私もいくらか面識のある関西の同業者だった。その古書店主が親切に調べて下さる。旧蔵者は亡くなっていて、その家を建て替えるため息子夫婦が亡父の蔵書を整理したそうだ。だが、この亡父、東京にいたことはなく、戦後を過ごした仙台の古書店で求めたものではないかとのこと。

本は転々とするものだが、しかしどこをどう巡ったのだろう。お客さんに電話で事情を説明すると、仙台に縁はないとのこと。数日後、お手間をかけたと菓子折持参で来訪された。「実は若い頃に『超現実主義との交流』を古書店で買ったことがあるんですけど、転勤で手離してしまって。でも驚きました。親父も同じ歳の頃にこの本を買っていたなんて。親子なんですね」。初老の男性は、初めて笑顔をみせた。

古本屋には「もの凄い偶然」が三度ほど起きるらしい。たまたま呼ばれた家のお祖父様が江戸時代の美書を財にまかせて蒐集し、その蔵書を前に今のご家族は「もういらないんですけど」とそっけなくおっしゃる。たとえば、の話だが。でも、真面目に働いていればそういう偶然が三回ほどあるというのだ。

わざわざお運びいただいたことにお礼を申し上げながら、これは「もの凄い偶然」の一回分になるのだろうかと私は思っていた。

■某月某日

朝、一通のＦＡＸ。上野文庫の主人中川道弘さんの訃報だ。業者の入札会で中川さんを最後に見かけたのは半月ほど前。どのような病魔であったのか、随分と痩せた姿で立ちすくんでいた。

もう十数年も前、私はリブロ池袋店の一室で店長と会うことになった。その店長が中川さんだった。古書に関する情報コーナーを作りたい、そんな相談だった。前任地の関西でもそんなコーナーを設けたこと、自分も古書は好きだというような話を聞いたのだと思う。「私も古書が好き」、ありがちな言葉を、私はどれほど本気で聞いていたのか。

数年して、中川さんは古本屋になった。アロハシャツに半ズボン、三輪自転車で神保町を快走する中川さんに、かつての背広姿の面影は全くなかった。何をどう決断したのかは知らないが、目の前にいるのは、どう考えても古本屋になるために生まれてきたようなオジサンで、古書の即売会と聞けばどこでも飛び込んで、それこそ水を得た魚のように雑書雑本を積み上げていた。リブロを辞めてまでナゼ古本屋を始めたのか、というこことより、ナゼこんな人が今までリブロの店長をしていたのか、むしろそのことの方が疑問だった。古本屋とは、努力してなるようなものではなくて、これになるしかない人の仕事だと思った。

中川さんの蒐める本は、どこかいかがわしい本ばかりだった。文学とか政治経済とか、そんなふうにカテゴライズされるものではなく、ジャンルを越えて「いかがわしさ」を残した古書。この人にはそれをかぎ分ける天性の何かがあったのだろう。それが上野文庫の強烈な個性であったし、開店から数年の間にこの店ならではの匂いを作り出した。その面白さに、同業者の私は嫉妬した。

東奔西走して面白い本を蒐め、面白い棚を作る。新刊書店が「大きくなること」の他に個性を持たなくなったような時代に、この人は軽やかに大好きな本屋さんを作った。古本屋歴十年。愉快な十年だったのだと思う。

二〇〇四年

■某月某日

久しぶりに早稲田の古書店街を歩いていると、外の均一台に『吉本隆明全著作集』の端本が並んでいる。一冊二百円。学生時代、バイト代で一冊ずつ買いそろえたのはもう三十年ほど前の話だが、その頃だってとてもこんな値では買えなかった。「均一なんだ」と驚く私に、「吉本も駄目になってね」と店主。駄目になったって、もちろん吉本隆明が駄目になったわけではないのだが。

そういえば、今は十万とか十五万円の値が付けられている『にっぽん劇場写真帖』（森山大道・寺山修司、昭和四十三年）は、その頃の古本屋にはよくあった。いわゆるゾッキ本だ。私も「たった一冊だけ」買ったのだが、函の欠けているものが千円、函の付いているものが確か二千円で、躊躇なく千円の方を求めた。欲がないというのか先見の明がないというべきか、古本屋となって将来財をなす気配は、その頃からなかったのである。

バブルの頃だった。ある古本屋さんから「古本屋って、結局つぶしのきかないものを残しちゃうんだよね」、そう言われたことがある。お金はいつもそのときどきの「売れ筋」につぎ込まれ、しかししだいに売れなくなって倉庫に残っていくというのだ。たしかにそうかもしれない。でも、いつの頃からか「あの頃は人気があった」「あの頃はみんなが読んでいたからね」、そんなふうにいわれる本もなくなっている。いつまで経っても、均一台で西日を浴びる「あの頃」は吉本や埴谷雄高のままだ。

そう、その初老の店主はこう続けた。「昔、店の大家から土地ごと買ってくれないかって言われたんだけど、値段が、その頃のテレビの値段と同じ。どうしようかって家族会議を開いて、結局テレビを買うことに決めたんだよね」。折り込みチラシで「テレビ（それもカラーが）九八〇〇円」と目にすると、今でもこの店主の屈託のない笑顔を思い出す。古本屋という人生をどこか象徴しているような気もするし、ロックンローラーのスピリッツに溢れているような気もするのである。

■某月某日

夜の八時過を過ぎた頃、初老の男性が店に現れて、「本を買っていただきたい」と風呂敷をほどきはじめた。出されたのは、斎藤茂吉の第一歌集『赤光』カバー付（大正二年）、若山牧水『海の聲』カバー付（明治四十一年）、北原白秋の『邪宗門』（明治四十一年）、いずれも初版の三冊。どれも、近代の詩歌集の中では珍しいものばかりだ。この三冊で百万と申し上げても、納得いただけないだろう。これが美本なら、だ。というのは、出された三冊、これがおそろしく保存がよくない。湿気にすっかりやられていて、カビも生えている。カバーも表紙にべったりと貼り付いて、どうみても修復不能だ。

お父上の蔵書ということだった。戦前から主に歌集をコレクションされ、亡くなられた後もご家族はこの蔵書を散逸させなかった。だが、問題はその保管の方法で、本を蜜柑箱に詰め、半地下の納戸に入れておいたというのだ。そのまま二十数年、本は強い湿気にすっかり朽ちてしまったのだった。

「手放すことにした」と言われても引き取れるものではない。「父が特に大切にしていた貴重な本なんです」と言われて、ならばそんな大切なものを、どうしてこんなになるまでほうっておいたのですかと、余計なことも言ってしまった。

「亡くなったからって、大事にしていた蔵書をすぐに古本屋に売る人はいるんですか」。静かな口調でそう言われた。大事に蒐めてきた本を古本屋に二束三文で売っては申し訳ない、そういう意味だと思った。それが「古本屋」への一般的なイメージなのかもしれない。「買う時は高くて、売る時は二束三文」、いつもそんな陰口をたたかれながら、だからといってその不明朗、不透明なイメージを払拭するために、古書業界が何か新しい提案をしたこともなかったのだ。

朽ちてしまった『赤光』の、貼り付いてしまった見返頁には、著者斎藤茂吉自筆の献呈署名が記されているようだ。でも、もう剝がれない。大事な本が死んだ。これは古本屋の、自業自得だろうか。

■某月某日

月の輪書林の古書目録が出た。三年ぶりの最新号だ。「特集李奉昌不敬事件予審訊問調書」というもので、古書目録というよりまるで単行本だ。たとえばある作家の戦中日記が載っている。何十万円かの値が付いていて高額なものだ。で、どんな内容かの解説が付される。そこまではよくあることだが、その解説が尋常でなく長いのだ。この日記の場合、解説はその引用だけで延々三十頁も続く。三十頁といえば四百字用紙で百枚以上の分量。中編小説一篇分だ。読み始めると、たしかに面白いし、読み応えもたっぷりある。だから、と言えばいいのか、読み終われば、この日記を買いたいとかなんとかでなく、すでに読了感というものに充たされているのだ。

ところで、今回の特集となっている不敬事件。これは昭和七（一九三二）年一月、天皇の車列に手投弾が投じられた所謂桜田門事件と呼ばれるものだ。この実行者・李奉昌は九月に死刑判決を受け、十日後に処刑された。古書目録は、この事件の証人訊問調書の、これもまた長い引用から始まる。

関係者が門外不出と封印してきた資料も、その人が亡くなった後には「なんだか分からないもの」として遺されことがある。そして、いずれ不要なものとしてその家を出る。この特集の軸となっている資料も当時の司法大臣の元に遺されていたものだという。つまり、李奉昌の処刑を命じたその人の旧蔵品なのだ。

古書の世界にたどり着くものを見ていると、どうしてもこの世から消せないものはあるのだと思う。燃やすことも、捨てることも、何もできずに、「なんだか分からないもの」として遺されていくもの。そこに憑いたその人の時間や気配が遺っているのだ。月の輪書林の古書目録はそんな時間や気配を丁寧に写し出している。だから、これを読み終わると、世の中に古本屋という場所があることの理由がわかるような気がしてくる。大切な場所がある理由が。

■某月某日

神保町の交差点で信号待ちをしていたら、ポンポンと肩をたたかれた。ふりかえると、小柄な老人が笑っている。ちょっと困ったようなその笑顔を見て思い出した。あのおじいちゃんだ。もう十五年ほど前だ。安井浩司の句集が欲しいと私の店にいらしたのだった。安井浩司というのは、いわゆる前衛俳句の俊英で、そのアヴァンギャルドの作品を、「凄い人だね、この人は」と、おじいちゃんはぞっこんだった。正確に覚えてはいないけど「旅人に告ぐ、箪笥にスルメの頭」という句だったと思う。とても老人の愛唱句とも思えないのだが、それが大のお気に入りで、「頭の中に火花が散った」と言うのだ。この歳になって、こんなものと出会うとは思わなかったと、新しい句集が出るたびに嬉しそうに買ってくださった。そういえば、あの頃は新刊の句集を扱っていた。

前衛系の句集のほとんどは小さな出版社や個人出版によって世に送り出されてきた。つまり、新刊の流通システムの外側にあった。安井浩司の句集を何冊も送り出した端渓社も、同じ前衛俳句の盟友大岡頌司が一人でやっていた個人出版社だった。大岡が、自身で紙まで漉き、印刷をし、製本もする。そうして出来上がる句集の部数は百部から二百部内外。どれも渋い造本で、私は大好きだった。七〇年代から八〇年代にかけての前衛俳句に端渓社の仕事は間違いなく欠かせないものだが、しかしこれが一般の書店に並ぶことはなかった。実は、古書店というのは、こういうインディーズ出版の受け皿にもなっていて、端渓社の句集も何軒かの古書店が新刊で扱っていた。そういえば、その端渓社も昨年、大岡の死で幕を閉じてしまった。

さて、おじいちゃんだ。八十を過ぎたのだという。それでも、相変わらずだ。「あれから、前衛彫刻に凝ってね。あれは凄いもんだよ」。きっと火花が散ったんだ。信号が青に変わった。「どうです、そこらへんで冷たい物でも」、そう誘うと、「ちょっと行こうか」、困ったような笑顔をみせた。

■某月某日

出たばかりの『古本屋五十年』（青木正美著・ちくま文庫）を読んでいて、あれから二十年が経ったのかと思った。『古本屋三十年』が出たのが一九八二年。その十年後に、これを改訂増補した『古本屋四十年』が福武文庫から出て、そしてまた十年。新たな一章を増補して『古本屋五十年』となった。

何年か前、たしか早稲田の古本祭りの冊子で、古本屋さんの集合写真を見た。一九六〇年代、屋外での大規模な古書展のときのものだ。三十人以上もいただろうか。日焼けした顔に、帽子を被っている。その帽子がヘルメットのように見えて、まるで炭坑の坑夫のようだった。無骨だけど、しかし誰の眼も自信に満ちている。『古本屋五十年』を読んでいると、あの集合写真が思い出された。

戦後の古書業界はどこか炭坑に似ている。娯楽であれ教養であれ、かつて本がその主要なエネルギー源で、それは月遅れの読み物雑誌から、大学や図書館の新設のために求められる専門書の類まで、およそ本の形をしたものは、世の中から渇望されていていた。そんな時代に、古本屋は世の中のあちこちを掘って、掘って、また掘っていた。

『古本屋五十年』の中の三十年は、そうした時代を活写している。この部分は何度か読んでいるはずだが、しかし飾りのない筆致にはいつも引き込まれてしまう。そしてこの濃い時代が終焉を迎えるところで「三十年」は終わる。

五十年の中にこの三十年が置かれると、あらためてこのときに何が終わったのだろうかと思う。ブックオフはもちろんない。大きな書店もまだ数えるほどだった。インターネットどころかまだワープロも登場していない。そんな静かな転換点で、そういえば駆け出しだった私も、出たばかりの『古本屋三十年』を夢中になって読んでいた。

あれから二十年が過ぎた。当時、東京古書組合には約八百店の古書店が加盟していたが、現在は約七百店となっている。それほど減っていない、それこそ静かな数字に見えるが、実は五百店が脱退し、四百店が新たに加入した結果の数字だ。大きな波は、いろいろなことを変えた。古本屋の風貌も、きっと変わった。

■某月某日

入札会での落札品が届いた。その中に俳人富安風生の句額があって、改めて眺めるとすぐに「いけない」とわかった。印刷なのだ。入札会ではどうして気づかなかったのか。簡単なことだ。見ていないのだ。ついでに入札をしておこうという思い上がりがあったのだろう。気のない見方しかしていない。すると、こうして罰が当たるように出来ているのだ。

こんな見間違えは論外として、古書の世界はそれでも偽物の少ないところだ。もう四半世紀以上も前だろうか、戦後初版本ブームと呼ばれた一時期に、偽の帯が現れたことがあった。本に巻かれている帯一枚だが、それがあるとないとでは何万円も古書価が違うことがある。北杜夫の芥川賞受賞作『夜と霧の隅に』（昭和三十五年）の、受賞以前に巻かれていた帯、つまり「芥川賞受賞」と印刷されていない帯が珍しいというので、どこかのマニアがとうとう作ってしまったらしい。作るといっても、カラーコピーなど無い時代だから、印刷屋に頼んだのだろう。全く同じ紙に同じ活字で刷れば、これは偽物というより、無許可で増刷された本物と思えないでもない。しかし、本物がたくさん出来てしまえば、稀少故に珍重されるという状況が一変するとこの人は気づかなかったのだろうか。が、これはひらがな一文字の活字がちょっと違っていて偽物と発覚した。

署名の偽物はたまに目にする。これも以前のことだが入札会に林芙美子の署名本がまとめて出た。処女作から晩年の作品集までをほぼ網羅したコレクションで、その全冊に署名がある。だが、署名の偽物は何冊か並べればすぐに分かるもので、つまりどれも同じように筆の運びに勢いがない。しかもこのときは、没後に刊行された本にまで墨痕鮮やかな署名があって笑ったのだが、「没後の署名ってたまにあるんだ」と、同業の先輩が教えてくれた。その作家が好きで好きで本を蒐めているうちに、筆跡もどんどん似てくる人がいるらしい。そういう人は「手紙や葉書も書いたりする」そうだ。驚く私に、「漱石や牧水もまだ生きてるんだよ」、先輩が困ったような顔で言った。厄介な人がいるのか、人は厄介に出来ているのか。いずれにしろ、ゆめゆめ気のない見方をしてはいけない。

■某月某日

この一年間で一番思い出深いものは何かと考えてみると、やはり尾形亀之助の短冊だ。大鹿長子、つまり離婚した前の奥さんの旧蔵品が入札会に出てきたのだ。私はこの詩人がことさらに好きなので、どうしても欲しかった。

短冊には「コロニーは君が家かや春の風」とあって、とにかく文句がいい。というのは、昭和初年頃、亀之助に愛想を尽かしたカミさんが、友人の作家大鹿卓のところに行ってしまう。残された亀之助が元カミに贈った句かと思うと、味わいはひとしおなのである。しかし、亀之助の短冊なんて今までの入札会で見たことはない。さて、いくらぐらいだろう。

私は三十万から四十五万までの数字を書いて入札した。そのへんが私の想像力の限界だった。この詩人の短冊に百万近い値が付けられているのを想像したくなかったのだ。限界五十万円台。結果はてっぺんの四十五万で落札できた。嬉しかった。

この落札を記念して在庫目録でささやかな特集を組んで、ここに五十五万で載せた。しかし、いまどきでは、茂吉でも牧水でも、いや大谷崎でも、短冊一本がこんなにしないだろう。「亀之助もえらい出世やな」、そんな皮肉の一つも言われそうだ。

たしかに稀少性ということになるのだろう。谷崎潤一郎よりははるかに少ない。でもどこか違うような気もする。というのは、そもそも色紙だの短冊とかがこの詩人には似合わないからだ。あてつけに書くことはあっても、鑑賞に堪えるものを後世に残そうだなんて、およそ思わなかったはずだ。そういう詩人の書き遺した短冊を、これは稀少だからと牧水や大谷崎よりも高い値を付けて、なんだか亀之助に恥をかかせているようにも思う。

しかし、亀さんには申し訳ないが、こんなものを書いたのが運の尽きだ。古本屋という仕事は、出会い頭だ。出会い頭の瞬間に、これがよそに行くことを、たとえ損をしてでも阻みたいと、そう思うことがある。お互い自業自得。これは売れ残って、どうやら家蔵品となりそうだ。暮らしは貧乏なのに、こうしてまた財をなしてしまう。どういうことか。今年も、暮れていく。

二〇〇五年

■某月某日

『間島保夫追悼文集』（二〇〇四年）を読んだ。追悼文集で「面白い」は不謹慎かもしれないが、それでもこの一冊は面白かった。

間島さんは、神戸の古書店「間島一雄書店」の主人で、昨年の二月に亡くなった。享年五十九歳。古書の業界では、まだこれからの歳だ。間島さんから送られてくる古書目録は、およそ人文系の全てのジャンルを網羅していて、それが図書館のようにしっかり分類されていた。古本屋は、その本の蒐め方の内に、店主個人の人となりが現れるものと思っていたから、私はこの人に、堅実な商人という像を勝手に描いていた。ところが、「(古書)目録はまともやけど、人間はむちゃくちゃやった」、この追悼文集からは、そんな言葉が飛び出してくる。「円満で、穏やかといった人柄ではなかった」らしい。「周囲にもうるさがられたり、けむたがられたりもしました」と、こんなふうに追悼されるのも珍しいが、いや、その直截さゆえに、追悼される人も、する人も、この一冊の中ではどこかごつごつした生身を見せているように思う。

古本屋は、思えば今どきには珍しい個人による書店なのだ。見栄もあれば、やせ我慢もある。説明のつかない意地や妬みもある。他人から見ればつまらないことを、抜き差しならないものとも思う。この追悼文集には、そんなややこしさを、なにか気の利いた言葉で回収しようとはしない文章がいくつもある。

神戸の古本屋さんたちが出している合同古書目録に、この本の案内が載っていた。この合同目録が長く続いたのは、間島さんをメンバーに入れなかったからだ。入れていれば理屈をつけて全体を毀していたと、ここでも直截な書きっぷりだ。だが、一貫して思うのは、こうした直截さの中に一片の皮肉も微塵の悪意も感じられない。なんだかみんなまっすぐということだ。

それは間島さんの疎ましいほどのまっすぐさを彷彿とさせる。紹介文の最後に、古書についての本は多いけど、この文集は読まないと後悔すると記されていた。その通りだ。

■某月某日

「転居先不明」。戻ってきた在庫カタログの住所をしげしげと見直してしまった。あの先生が引っ越したなんて。

とにかく古書が大好きな人で、古書展といえばどこにでも出かけ、時間が空けば古本屋を歩く。在庫カタログからも先を争うように注文をいただいたものだった。本職が学校の先生だから、年がら年中こういう生活をしていても勉強熱心と思われる。それもいけなかった。仕事のために古書が必要だったのだろうけど、私には古書を買うために仕事をしているとしか見えなかった。そうして家中を本だらけにしてしまったのだ。

本だらけといっても、半端ではない。本棚から溢れ出た本が本棚を覆い隠していた。私が座っていたソファーの上にも本が積まれ、次に伺うと人が座る余地はなくなっていた。そのうちソファー自体が本に埋もれて見えなくなってしまった。部屋を圧倒する本の山の下に、本棚やソファーが埋まっている。平穏な生活を本がどんどん呑み込んでいくのだった。

本というのは増え出すと、ある段階から突如制御不能になる。知り合いの古本屋は、通路に本を積んでいるうちに、棚を隠し、人も入れなくなり、つまり制御不能な状態に突入した。そのまま店の半分を本で埋めてしまったのだが、何年か後に道路の拡張で店が移転となったとき、この本の山を崩していたら、中から50ccの原付バイクが出てきたというのだ。「そういえば何処にいったのかなって思ってた」と暢気に笑う主人にもあきれたが、なによりも増殖する本は凄いものだと思った。

さて、かの先生である。この五〜六年ご無沙汰だったが、膨大な蔵書を整理したという話も聞かない。あの制御不能となった本に「転居」という希望は叶うのだろうか。いや、本が住人を追い出したということなのだろう。本に呑み込まれ、人の気配をなくしたあの家を思うと、背中がふっと寒くなった。

■某月某日

東京古書会館二階のイベントホールで「古本屋の書いた本展」を見る。このスペースはそう広くはないけれど、最近では書皮展、つまりデザイン的に面白い書店の包装用紙を集めた展覧会や、文化学院（生活の芸術化を目指した西村伊作の創設だ）の生徒たちの手作り本展など、どう考えても地味だけど、でもちょっと覗いてみたくなる催しが開かれる。

会場で手に入れた「古本屋の書いた本展目録」には約八百冊が著者別に並んでいる。中には『科学思想史としての物理学』とか『大気現象実占講義録』といった本もあって、なるほど、古本屋さんはいろんなことを考えながら店番をしているのである。そんな中に『大高正博遺文集』（一九九九年・津軽書房）もあった。この本が出たのは、大高さんが亡くなって一〜二年が過ぎた頃だった。

大高さんは江古田で青柳書店という古本屋を開いていた。デパートでの古書催事が全盛の時代、そこに参加することがなにか利権であるかのように人も動いたものだが、そんなときでも大高さんは老夫婦二人だけの小さな店をただ静かに保っていたように見えた。駆け出しの私あたりにも言葉遣いが丁寧で、いつも穏やかな笑みを絶やさない人だった。

この人がかつて地元青森で太宰治に私淑した文学青年だったことを遺文集で初めて知った。『太宰治全集』の月報に載せた当時の回想も佳作で、収められた短編も訥々とした人柄どおりの清廉な私小説ばかりだった。

「古本屋の書いた本」というのは、物書きが古本屋になったり、古本屋が物書きになったり、そこらへんはいろいろだけど、いずれにしろ活字と添いながら市井を生きた人の、その足跡のようだ。

大高さんは交通事故にあってこの店を閉じることになった。カーテンの閉まった青柳書店の硝子戸に「休業」を知らせる紙が貼られると、そこに誰かがお見舞いの言葉を書いた。すると、激励や再開を望むメッセージが日毎に増えていったそうだ。この話を思い出すと今でも温かい気持ちになる。青柳書店もまた店主に編まれた清廉な物語だったにちがいない。

■某月某日

古書専門誌『彷書月刊』の六月号に古書店が謝罪文を載せている。

一年ほど前のことだ。先年亡くなった著名な装丁家の旧蔵書の一部が業者の入札会に出てきた。出品した業者は、その中に献呈署名本が含まれていたら戻してほしいと遺族から依頼されていたらしいが、それが完全でなく、一部が混じって出てしまったのだ。落札した別の業者がそれを古書目録に載せたので知れたのだろう。出品した業者は、この人に宛てた署名本が一部流出したのは全て自分の責任だと半頁大の謝罪文を掲載している。

私は古本屋になって二十五年になるが、こんな謝罪文が雑誌に載るのを初めて見た。たしかに、古書店のミスだ。不手際はきちんと謝るべきだと思う。しかし雑誌に謝罪文を載せるほどのことなのだろうか。詳細な事情を知るわけではないが、この過剰さはいったいどこから来るのだろう。

以前、ある大学教授の遺族が、遺された膨大な蔵書を図書館に寄贈しようとして、受け入れ先が見つからないことがあった。要するに図書館が欲しい本ではなかった。結局、遺族は「泣く泣く古書店に売った」というのだ。

私はその話を聞いてロンドンに住む友人から聞いた話を思い出した。知人の研究者が亡くなり、遺族は蔵書の全てを古書店に売却した。永年世話になった大学の図書館に蔵書を寄贈するのではなくて、その売却益を寄付して本当に必要とする本を買ってもらうのだそうだ。それが、図書館と古書店と読書家と、そしてなにより本のためになるのだと彼は言った。

本は誰のものでもないように思う。いつも次の誰かに読まれるためのものだ。だからといって、泣く泣く手放すこともない。でも、古本屋に本を売るのは、そんなに本が可哀想なのだろうか。私は古本屋だけど、ここに来た本は本当に幸せだと思っている。本を次に活かすためにの努力を、ここでは愚直なほどに惜しまないからだ。

■某月某日

仕入れた古本を整理していたら、新聞記事の切り抜きが挟まっていた。いくらか変色したそれをひろげてみると、「詩集を返して！　プンプンの詩人たち」と大きな見出しがある。

一九七一年だから、もう三十年以上も前のことだ。『現代日本詩書総覧』という本が出た。昭和初年から戦後までの主だった詩集を全て写真で紹介したもので、昭和詩の書誌としてもこれだけの仕事は類を見ない。編者の小寺謙吉は、いわゆる詩書のコレクターで、欲しいとなったら何としてでも手に入れる。だから、彼の詩集のコレクションは戦後最大のものといわれた。この本はそうした執念の結晶のようなもので、現存数部といわれる戦前の発禁詩集まで見事に網羅している。ところが、ここに載った稀覯詩集の一部について、「あれは編者に貸したもので、いくら連絡しても返却されない」と抗議している詩人が何人もいるというのだ。切り抜きの記事はその顛末を大きく伝えている。

私も同業の先輩からこの話を聞いたことがある。「詩書総覧を作る目的で珍しい詩集を借りた」というのは疑問だというのだ。つまり、目的は珍しい詩集を手に入れることで、詩書総覧を作るというのはその手段だった。「まさか」と疑う私に、「コレクターの本当の怖さに出会ってないだけだ」と言うのだった。

二十年ほど前、小寺謙吉がコレクションを売却するらしいという噂が流れた。昭和期のものだけではない。明治大正の詩書も同じようなトラブルを起こしながらほぼ揃えていたという。空前絶後のコレクションだ。希望値は一億。だが、いかにも悪評が多すぎた。

ほどなく小寺の訃報が知らされる。だが、奇妙なのはそれからで、戦後最大と言われた詩書のコレクションは忽然と姿を消した。というのは、没後、住んでいた家も、実家も移転していて、遺族の消息は誰も知らないという。何もかもが、消えたのだ。

そうして二十年以上が過ぎた。消えたコレクションは、結局その片鱗さえも古書市場に姿を現さなかった。「コレクターの本当の怖さ」は、死んでもなお続くものなのか。

■某月某日

午後から古書の入札会。東京では入札会が毎日開かれていて、曜日ごとに扱いジャンルも違っている。今日は近代文学が中心の会だ。

古本屋には問屋がないので、必要な古本は自力で確保するしかない。では必要な本とは何なのか。改めてそう考えてみると、実はそんなものはないようにも思う。というのは、あれが必要だ、これを仕入れたいといっても、都合よく入札会に出てくるわけではない。あるものでやる、という世界だ。もう一つ。手にしたいのはまだ知らない本なのだ。

入札会の前半は何十冊単位で縛られたものが並ぶ。中で歌集句集の五十冊という口が目に留まる。何もなさそうだが、よく見ると『句集自画像』（河村目呂二・昭和五十二年）があった。新しい本だけど、私には初見だ。一九二〇年代後半、三田平凡寺（といっても地名ではなくて、夏目房之介氏の母方の祖父）なる畸人が我楽多宗という、いわばガラクタ蒐集家のネットワークを作る。河村は画家の一方で、猫グッズコレクターとしてこの道楽者の繋がりに参加した。俳句も余技の一つだったのだろうか、没後二百部だけ作った句集がこれだ。今日の最低入札値は五千円。これ一冊で五千円は厳しい。何か他にないかと、それこそ目を皿のようにすると、古い包み紙にくるまった一冊がある。

紙をめくるとこれが會津八一の第一歌集『南京新唱』（大正十三年）。いくらか傷みはあるが、見返頁に「呈島木赤彦様　秋艸道人朔」と堂々とした献呈署名入り。秋艸道人《しゅうそうどうじん》は會津八一の雅号だ。当時、赤彦は歌壇の中心たるアララギ発行所の統括責任者みたいな存在だ。どこか孤立した感じのする八一は、どんな思いを込めてこの歌集を贈ったのだろう。こんな一冊が、時を隔てた今、目の前で河村目呂二の遺稿句集と並んでいる。なんと古本的な光景ではないか。アララギと我楽多宗、この異質のネットワークは同時代のものだが、もともと會津八一には後者の、つまり道楽者や趣味者の繋がりの方が似合っていたはずだ。そうだ、そうに違いない。八一、アララギは似合わないぞと勝手に納得する私に、目の前の二冊はどんどん「必要な本」となっていく。

■某月某日

朝刊の読書欄を見ていたら、神保町の東京堂書店の「週間ベスト10」に『古書肆・弘文荘訪問記——晩年の反町茂雄』（青木正美・二〇〇五年）が七位となっていた。とにかく面白い本だった。

反町茂雄は、日本を代表する古典籍商だった。昭和の初年、東大を出るとすぐに神田の古書店で店員となり、ほどなく店員の勉強会を組織する。弘文荘として独立すると、それ自体が学術書のような古書目録を作り続け、業界の機構改革や、古書店は生涯が知識の研鑽であると若手の育成にも力を尽くした。つまり、古書業界にあって、近代の象徴のような存在なのだ。この本は、晩年の十年に交わした葉書一枚、何気ない会話の一つまで徹底的に記録することで、反町茂雄ばかりか、彼がいた時代を浮き彫りにしている。

私が神田で古本屋の店員になったのは七〇年代の後半だった。店主は反町の対極にあるような人で、「古本屋は勘と度胸だ」が信条だった。店に入った頃、といっても学校を追い出されて転がり込んだものだから、どこからか「ウチボリは爆弾犯だ」という嫌がらせの電話があった。しかし店主は「それくらいの度胸がなきゃ、いい古本屋にはなれない」と言うだけで、せめて嘘か本当かぐらい聞いてくれよと思ったものだ。こんな博徒のような古本屋がまだ肩で風を切っている時代だった。

『弘文荘訪問記』を読んでいて、あの頃が懐かしかった。入札会場に凛とした反町が現れれば、皆道を開けて目礼をしたものだ。その一方で、博徒の親分のような古本屋も闊歩して、身を賭したような入札で反町に向かっていった。古本屋の世界には得体の知れない怪物がたしかに跋扈していた。

二十世紀が終わってみると、近代の権化も、博徒の親分衆も皆亡くなっていた。この本は、だから大きな物語が終わる最後の十年を克明に活写することとなった。終焉の様相は見事に描かれている。

ところで、この本の初刷は僅か四百部だったそうだ。それでも神保町の書店ではベスト10に入る。なるほど、この街の物語はまだ終わっていないということか。

■某月某日

田中栞さんから『紙魚の手帳』の最新号（34号）を送っていただいた。この冊子の編集制作は多川精一。そう、かつて東方社（あの伝説の対外宣伝誌『フロント』の発行所だ）に出版デザイナーとして参加していた多川氏が今も現役で発行している冊子なのだ。

田中さんはここに「書肆ユリイカ本蒐集記」を載せている。書肆ユリイカは、昭和二十〜三十年代にかけて戦後詩の胎動期を支えた。それこそ伝説の小出版社だ。六年ほど前、彼女はこの小出版社についての記事を書くことになる。それがきっかけだった。書肆ユリイカが刊行した詩書を夢中になって蒐めはじめる。そのドキュメントがこれだ。

もちろん、今では古書でしか手に入らない。送られてくる古書目録には片っ端から目を通し、古書店を歩き、即売会の棚に目を走らせ、オークションがあれば駆けつける。最初のうちはユリイカ版『稲垣足穂全集』の端本二千五百円、平林敏彦『廃墟』二千五百円などが並ぶが、そのうち、那珂太郎の第一詩集『ETUDES』二万五千円だとか栗田勇詩画集『サボテン』特製版三万五千円と値も上がってくる。ついには飯島耕一『ミクロコスモス』七万円、吉岡実『僧侶』

九万八千円といよいよ異界に踏み込んでいく。つまり、少しずつ、しかし冷静に何かが切れていく様相が大変リアルなのだ。「書肆ユリイカ本に対しては、そんな生やさしい衝動ではすまない。見たものはみんな欲しくなる。いや、見ないものまで全部欲しい」。

この衝動を、たとえば「マニア」だとか「好事家」というありがちな言葉に置き換えることはできない。こうした「衝動」は何処から来るのだろう。もちろん、ここでは客も業者も関係はない。まるで身を賭して何かと出会おうとしたり、何かを取り戻すように本を探すことに、都合のいい答えなどない。だが……。

書肆ユリイカの伊達得夫は、約十五年間にたった一人で二百冊以上の詩書を作った。その「衝動」に、それは遠く共鳴しているように思えてならない。

■某月某日

朝の便で新千歳へ。翌日札幌で開かれる古書の入札会を前に、昼から市内の古書店を歩いた。秋の日差しが気持ちいい。自分が古本屋をやっていても、相変わらず古本屋歩きは楽しみなものだ。

地下鉄西十一丁目の八光書房は新築の綺麗な店で土足厳禁。入り口で専用の健康サンダルに履き替えると（ここは健康ランドか）妙にくつろいでしまう。そういえば床には座布団がいくつも転がっていて、暖房の季節には居眠りする客がでそうだ。北川冬彦の『詩人の行方』（昭和十一年）九千円を得る。

ここから十五分ほど歩くとなづな書館という一戸建ての小さな店がある。一戸建てと言っても雪が積もれば、それだけで潰れてしまいそうなたたずまいだが、でも、夕暮れ時、この店に明かりが灯る情景を想像するとなんだかホッとする。青柳優『批評の精神』（昭和十八年）、戦後に細川書店を始めた岡本芳雄の『冬陽』（昭和十九年）をそれぞれ千円で得る。

すすきのに戻り、石川書店の二階では、美術評論家のヨシダヨシエが昭和三十年に出した詩集『風と夜と』（限定一五〇部）二千五百円を見つける。初見だ。『共産大学生の日記』（杉本良吉訳・昭和五年）三千円は柳瀬正夢の装丁がいい。見れば買ってしまう（といってもなかなか見ない）。『最暗黒之東京』（松原岩五郎・明治三十年）一万八千円等々。

北大側に移動し、旧知の先輩サッポロ堂書店で一息入れて、薫風書林へ向かうと店先に衣装ケースのような小さなコンテナがいくつも積み上がっている。店に入り切らなくなった本だ。この秋、地元の雑誌『札幌人』が「札幌古本屋特集」を出した。とてもいい特集だった。この中で、薫風書林の古本に溢れた店内風景が、いかにも古本屋という感じで効果的に使われていた。しかし、溢れた本はとうとう店を出て、これから雪を迎えるというのにこうして外で積み上がっている。私も人のことは言えない。本が売れて足りないわけではない。その反対だ。売るほどあって溢れている。なのにこうして札幌まで本を買いに来てしまう。古本屋は職業ではなくて生き方かとも思ったが、このコンテナを見ていると、生き方というより病理なのかと思う。

II ――まるで小さな紙の器のように（二〇〇六～二〇〇九）

吹きさらしの日々——『古本屋残酷物語』（志賀浩二著）

二月の終わり頃、揚羽堂の志賀浩二さんからこの本の原稿が送られてきた。その中に、表紙の見本が一枚入っていて、見本だから実際には使われてないかもしれないけど、揚羽堂の店（いや事務所と呼ぶのだろうか）の正面が写っているものだった。

古い建物に安っぽいアルミサッシの引き戸があるだけの殺風景な写真だ。

でも、私はしばらく見入ってしまった。というのは、一度も訪ねたことのないこの場所が、なんだか凄く懐かしいものに感じられたからだ。

私が古本屋をはじめたときも、ドアの枚数は違っているけど、こんなふうだった。

それから、古い友人の月の輪書林が最初に入った店も、これにそっくりだ。

もう一人、もっと古くからの友人のサッポロ堂（札幌の古本屋だ）も、これだった。

私は、私の大切な友人二人と同じような店構えだったことに初めて気づいた。そして、もう一人。揚羽堂とも。

そんなことを思っていると、このドアの向こうから二十五年前の自分が、サンダルを突っかけて出てくるような気がした。見るからにスカンピンな若造だけど、でも本当に幸せそうに笑っている。

送られてきた原稿は、布紐で綴じられていて、とても分厚いものだった。

私は、昨年（二〇〇五年）の十二月に、揚羽堂のホームページを見て、実は隠れファンになっていた。

たとえば、最初に読んだ十二月一日の日記は、「やるぜ一二月！」と強烈な書き出しだ。もの凄く熱くはじまるのだが、でも何をやるかは書いてない。

小、中学校の頃、年賀状に「ウチボリ！　いよいよイヌ年だ！　今年こそがんばろう！」と、形容詞のない決意を、毎年干支を変えながら書いてくる友達がいた。こういう意味もなく熱い人を、ちょっと遠くで見守ることが、私は基本的に好きなのだ。

そのわりに、私は一ヵ月分の日記しか読んでなかった。で、一年分が送られてきたのである。凄く分厚いのが。

でも、読みはじめると、これがやめられなくなった。その日は夕方から、同業のお通夜があったのだが、この分厚い原稿を置いていけず、電車の中でも読み続けた。

亡くなった古本屋さんは、もう八十歳を越えていて、それでも数年前までは元気に入札会にもいらしてた。古本の市場が大好きな人だった。十年ほど前、地方（たしか岡崎）の入札会で一緒になったことがある。「こんなところまで来るなんて君も熱心だね」と言って下さったけど、どう考えても、それはこっちの科白だった。歳をとっても古本屋という仕事はそんなに楽しいものなのか。お疲れ様でした。遺影にお別れをした。

駅まで戻ると、珈琲専門店「コロラド」のような喫茶店があったので、そこでまた続きを読むことにした。お寺の最寄り駅でこういうのもどうかと思ったが、本当に面白いのだ。

結局今日一日、私は揚羽堂が立ち上がる一年に付き合ってしまった。読みながら、いろいろな想いが交差した。

この正月、京都に住む同業からの賀状に、いよいよ還暦を迎えるとあって、そこには小林秀雄の「還暦を迎えたのだから、自分の青春は完全に失はれたぐらいのことはとくと合点したいもの」という言葉が添えられていた。

もしかしたら、八十歳になっても、古本屋をはじめた頃の日々は、まだついこの前のように思えるのだろうか。

この本は、揚羽堂のそうした日々のライブだ。はじまりの日々は本当に吹きさらしで、金もないし、ろくな在庫もない。相手にもされない。でも、この吹きさらしの中で、彼はすがすがしいほどハッピーだ。

古本屋は、誰かに古本を売って、それで生きていこうというのだから、人生をおそろしく牧歌的に考えている。

たしかに、これでいいのかなって思えば、不安に底はないのかもしれないけど、でも、ここには底なしに自由な風も吹いている。はじまりの日々に感じたその風を、結局ずっと忘れられないのだろうか。

揚羽堂の日々は、溢れ出る自己愛と尋常ならざる熱さで、つまりあんまり馬鹿で、私は何度も吹き出してしまったけれど、でも、はじまりの日々に吹いている風がどのページからも感じられた。古本屋の本はたくさんあるけれど、こんな本は初めてだった。

だから、コロラドのような喫茶店でこれを読み終わったとき、今日一日、同じ風に吹かれていたような気がして、私は昨日よりずっと元気になっていた。お通夜の帰り途だというのに。

ところで、この本を出版したのはこれも駆け出しの若い古本屋で、本当に、吹きさらしの中から生まれた本なのだ。

勘のいい古本好きならすぐに気づくはずだが、こういう本が将来古本屋で高くなるのだ。だけど、将来といっても、五十年、八十年という未来に古本屋はまだ残っているのだろうか。揚羽堂のような、反時代的で、何にもカテゴライズされない、でも度し難いほどハッピーな古本屋がまだいるのだろうか。

二十一世紀の世紀末に、そんな若い古本屋がいて、この一冊を手に入れる。パラパラとページをめくっているうちに、じっと読みはじめる。そんな姿を想像すると、なぜだろう、そこは古い建物に安物のアルミサッシの引き戸なのだ。

日記の中の古本屋――『ある古本屋の生涯』（青木正美著）

どうしたものか、ここのところ古本屋ブームといわれている。去年（二〇〇五年）の秋、東京の古書組合が「古本屋になるための一日講座」を開いたときも、チラシが出来上がる前に百名ほどの定員が直ぐに満席になってしまった。

こんな話を聞いて「古本屋さんって景気がいいんですね」と言う人もいるが、それはちょっと違う。古本屋ブームではあっても、古本ブームではないのだ。

というのは、古本が売れるようになったとか、古本屋に来る客が増えたということではない。こちらは相変わらずの不況だ。「古本屋をはじめたい」という人だけが増えているのだ。本当は「古本屋の客になるための一日講座」を開いた方がよかった。

たしかに、古本業界もずいぶん変わった。何が変わったかといえば、この十年、二十年の間に、古本屋のスタンダードがなくなってしまったのだ。

私が古本屋をはじめたのは一九八〇年だった。郊外で詩歌集専門の古本屋を作りたかったが、同業からは「素人じゃあるまいし」と一蹴されるのがオチだった。郊外には郊外のやり方というのが根強くあった。それでも神田の入札会に通い続け、古い詩書に命がけ（なにしろ金がなかった）の入札をした。すると、素人の若造が売値より高く買っていると笑われる。

そんなときだった。「いいんだよ、この子の買い方で」、そう大きな声で言ってくれる人がいた。それが鶉屋書店の主人飯田淳二だった。

鶉屋は谷中にある詩歌集の古書店だった。だった、というのはここが閉じてもう四半世紀もたつからだ。それでも、この店の品揃えの見事さは今も伝説のように語られる。レアな逸品を網羅したという意味ではない。詩史の影に隠れた無名な詩人にまで丁寧に眼を注いでいた。下町にあって際立った個性を示した古本屋だった。

『ある古本屋の生涯—谷中・鶉屋書店と私』（二〇〇六年・日本古書通信社）の著者青木正美も、やはり同じ下町で古本屋を営んできた。鶉屋主人飯田と青木の付き合いは昭和二〇年代からのもので、いや、付き合いというより、業界の先輩である飯田に青木は師事し、いつも強い影響を受けてきた。

この本は、そうした二人の交友を、青木自身の日記によって構成している。つまり、一日も欠かすことなく書き続けてきたという日記の中から、鶉屋主人がからむ日付のものを選んで並べているのだ。

それを「（著者青木の）心の叫び、暴言の束」であり「（飯田に対する）私の悲鳴うめき、嗚咽、闘いの記録」とあとがきに記しているが、なるほど流行のブログとはわけが違う。過剰な自意識や行き場のない妬みが全開なのだ。それこそ、日記にでも書いていればいいようなことを丸ごと引きずりながら、本書では鶉屋主人を浮き彫りにしていく。なんだか重たい展開だ。

ところが、一般的な評伝に比べてこれがリアルなのは、ここから昭和三〇年代、四〇年代の古本屋業界の旧弊な空気がビンビン伝わってくるからだ。

古本屋は、因習とか上下関係とか、そういうのが苦手な人がなりそうなものだが、そんな人も、ひとたび堅固な共同体の中に入ると、今度は妙に息苦しいことを言い出すものだ。

著者の青木は典型的な文学青年で、つくづくそうした雰囲気に馴染んでいない。たとえば、「お前も業界の歯車の一つになってみろ」みたいな叱咤を受ける。いや、そうはなりきれないと悶々と悩む。『三丁目の夕日』の時代、古本屋は市井に根をはった職業だったけれど、業界はこんなに息苦しかった。

鬱屈した心情をバネに、青木は自身が敬愛する文豪の自筆原稿を懸命に買いはじめる。下町の古本屋には不相応なものだが、それでも名だたる老舗を相手に落札し続け、やがてこの分野で青木は一家をなした。

世界的な古典籍商として知られた反町弘文荘の反町茂雄は、因習に縛られたそんな業界に対して「和を以て尊しとせず」と様々な近代化に力を尽くした。その反町が最も信用したのが鶉屋だった。そして、鶉屋の自称不肖の一番弟子が青木なのだ。「三丁目」の時代の向こう側で、三様の個性と濃い時間を青木は訥々と日記に刻んでいる。

いつ頃からだろう。七〇年代に種がまかれたのだろうか。因習、世襲の業界に、それまでとは違った若い古本屋が生まれ始めた。商売としてこれを選んだというより、生き方として古本屋を選んでいる。そんなふうにも見えた。しだいに業界の堅固な空気も薄いものになっていった。

いや、本当はその逆ではなかったか。市井の暮らしに根付いていた古本屋という職業が、職業としての力を急速に失っていく中で、旧来のスタイルが無効になっていっただけではなかったのか。

となると、最初に書いた古本屋ブーム。これは、なんの終わりを告げているのか。

ちくまの古本

1

「本の感じを見たいので、メールで画像を送っていただけますか」。こんな電話をいただくことがある。

古本屋もＩＴ化が進んでいるのだけど、私はどうも苦手だ。

といって「古本屋として、メールで画像を送るような生き方をしてない」と、電話で熱く語るつもりはないし（ただ苦手なだけだ）、なら「そういうのは苦手なもので申し訳ありません」と素直になれるかというと、そこにも忸怩たるものがある。

小三治師匠のまくらで、本当は知らないのに知っているふりをする奴、本当は知っているのに知らないふりをする奴、でも一番たちの悪いのは、本当は知らないのに、知らないふりをする奴、というのがあるけど、こういうときの私だ。

きっと、含羞もなくものを聞いてくる輩に、「なんだ、古本屋は相変わらずだな」って思われるのが癪なのかもしれない。たしかに癪なのだが、でもこの「相変わらず感」というのは、そう悪くないように思う。いや、古本屋にとって本当は大切なことではなかったか。

よく、「古本屋好みの本」という言い方がある。別に流行でもなんでもないのに、古本屋の間では相変わらず人気がある古本だ。たとえば斎藤昌三とか宮武外骨あたりがそうで、私が知る限りこの二十五年間ずっと「もう売れない」（実際そうなのだ）とみんなで言いながら、でも入札会にこういうのが出てくると古本屋は競って買ってしまうのだ。懲りない性分というのか、いずれにしろ「相変わらず感」は相当高い。

この二人の著作には、それぞれタイプは違うのだけど、書物という道具への偏愛にも似たこだわりがある。そう、やっぱり本なんだよ、古本屋は思うのである。

筑摩書房の初期の刊行書もそんな雰囲気を持っている。

筑摩書房の創業は昭和十五年で、初期の刊行書には青山二郎が装丁した質素な本が多い。あまり図柄を使わず、「書き文字」（活字ではなく手書きの字）がメインのシンプルな装丁だ。

たとえば、ワイルドの『芸術論』（昭和十六年）や亀井勝一郎の『信仰について』（昭和十七年）、そうだ小田嶽夫の『魯迅伝』（昭和十六年）を加えてもいい、このへんは「書き文字」だけで表紙がレイアウトされている。シンプルだけど大胆だ。

半世紀以上前に出たこの三冊がレアな古本かというとそうではない。週末の古書展をはしごすればどこかで見つけられるはずだ。それもリーズナブルな値段で。

豪華でもないし、もちろん貧相でもない。でも、これらを手にしたとき、本っていいカタチをしているなと、しみじみ思うはずだ。

本はものを伝える雰囲気そのものだと思う。こういう「気」が備わっているものを、古本屋の棚は残してきた。売れるとか売れないではないし、安いからとか高いからでもない。つまり、このへんが「相変わらず」なところなのだ。

世の中の流行りというわけではないけれど、でもこんな本らしいたたずまいの古本はある。それこそ画像を添付して誰かに知らせてあげたい気もするが、「そんなことは余計なお世話だ」、本がそう言っている。

2

『彷書月刊』という古本好きのリトルマガジンが去年の秋に創刊二十年を迎えた。何を手伝っているわけではないが、よく続いたものと感慨はあった。

というのは、二十年前、若手の古本屋がこの雑誌をはじめたのだけど、その中に私もいたからだ。

私は三十歳で、他のメンバーは五つ六つ年上だった。「一緒にやらないか」と声をかけられたとき、創刊号は「特集電気文学」だと言われた。それは面白いと思った。こういう自由な発想が古本屋の生命だと思っていたから、やりましょうと返事をした。しかし、これは私の勘違いで、特集は「伝記文学」だったのだ。もの凄く普通だったけど、でも何か面白いことが始まりそうな気もした。

創刊号が出来上がった。薄ペラな小冊子なのに、作るのには何カ月もかかったような気がした。こんなことが続くのかと思うと、途方もない気持ちにもなった。しかも、これを売らなければいけない。ところが、書店に営業に行こうという時になって、営業だとかお願いだとか、そもそもそういうことがしたくなくて古本屋になったのではないかと皆が言い出した。そういうことになると妙に盛り上がるのだ。いやそうじゃなくてね、わかった、もう一軒行こうと熱く語り明かすのが好きで、でも雑誌は一冊も売れない。

今年（二〇〇六年）の二月、古くからのお客さんに、本を少し整理するからと声をかけていただいた。尾崎一雄とか太宰治、八木義徳を好んだ人で、そんな作家たちの本と一緒にひと揃いの雑誌『展望』が置かれていた。昭和二十一年に筑摩書房が創刊したもので、太宰はここに「人間失格」を連載しているときに心中したのだった。

「いい雑誌なんだけどね」と言うので、「でも、売れない」。そう私が続けると、主は小さく笑った。古本好きなら知っていることで、終戦後、雨後の筍のように出た雑誌は、今でも古書展の平台に安く積まれている。もちろん、愛着とか思い出に、そういうことは関係ない。

この『展望』には一冊ずつにパラフィン紙がまいてあって、とても大切にされていた。大切にされた古本は、みないいものに見える。

そういえば、『彷書月刊』のひと揃いを私は持っていない。売るほどあったのに、いったいどこに行ったんだろう。

四苦八苦して作った、あのぺらぺらの小冊子たちは、どこかで大切な古本になっているだろうか。

一カ月ほど前、池袋のリブロで『早稲田古本屋日録』（向井透史）という本を見つけた。読んでみると、とても達者な文章に驚いてしまった。著者は古書現世という早稲田の古本屋の二代目で、一九七二年生とある。そうか、あの頃は中学生だったのか。この人のお父さんは、『彷書月刊』の創刊に参加した一人だった。

やはり、あのときのメンバーの一人だった田村七痴庵は今も残って雑誌を続刊している。『早稲田古本屋日録』の栞に彼も一文を寄せていて「古書現世の息子も古本屋になったか」と、なんだか親戚の叔父さんが結婚式であいさつをしているようだった。でも、行間には吐息のような感慨もあって、いい文章だった。

3

古書業者の競り市で、井伏鱒二の『黒い壺』（昭和二十九年）を落札した。通例なら五千円もしないのだろうが、この日は競っていくうちに二万円を超えてしまった。というのは、この本には「小山清様　井伏鱒二」という毛筆の署名が入っていたからだ。

私が育ったのは練馬区の関町というところで、昭和三十一年に（ということは私は二歳だ）作家の小山清はこの町の都営住宅に引っ越してきた。

もちろん、一面識もないのだけれど、これが小山清の家にあった本なのかと思うと私には感慨もあった。

小山清は寡作な作家で、生前に出た小説集はわずかに四冊だけだ。どれも筑摩書房の発行で、四六判丸背カバー装、清楚な造本がいかにもこの作家にふさわしいものだった。筑摩の古本の中で人気ベストテンを作れば、このうちの何冊かは、いや、もしかしたら四冊とも入るかもしれない。

生前最後の小説集となった『日日の麺麭《パン》』（昭和三十三年）に「ゴタ派」という短編が収録されている。舞台は場末の古本屋で、そこに集まる常連のお客さんたちが描かれている。客といっても三文文士、活動家、貧乏画家や役者くずれといった、ちょっと風変わりな連中ばかりだ。古本屋の隠語で、売り物にならない本のことを「ゴタ」という。「ゴタ派」の人々とは、それにひっかけているわけだ。

小山清というと、私はこの作品を思い出す。もちろん舞台が古本屋ということもあるけれど、もう一つ、重なり合うことがあった。

関町の隣の石神井台に、その名もゴタゴタ荘という小さな共同保育所がある。自転車で二十分ほどのところだ。以前私の息子が五年ほどここに通っていて、いや、通ったというより、ここで育ったのだった。

ゴタゴタ荘は、童話の『長くつ下のピッピ』に出てくる名前だそうだが、私はそれを知らなくて、とっさに「ゴタ派」のことを思い出した。なんと大胆なネーミングかと思ったけれど、実際そんな雰囲気もあったのだった。

プレハブの小さな建物に、子どもは十五人ほどしかいない。初めてここを訪ねたとき、青ばなを垂らした子どもたちが、地鶏のように走り回っていて、その顔つき、風体が一時代も二時代も前のもののようで驚いた。あか抜けないと言えば身もふたもないが、とても、今どきの子とは思えなかった。

毎日、朝から日が暮れるまで泥んこになって遊び、喧嘩をして、泣いて、笑って過ごしていると、なるほど懐かしい顔つきになっていくものらしい。子どもが、本当に子どもでいられた頃の顔にだ。

小山清には二人の子どもがいた。姉は私より一つ上で、弟は一つ下だ。昭和三十年代のこのあたりは、畑と芝生と雑木林と赤土ばかりだった。その向こうの青梅街道をオリンピックの聖火が通るというので、みんなで見に行った。この二人も、行っただろうか。

母、つまり小山清の妻は昭和三十七年に命を絶った。そして昭和四十年三月、「急性心不全のため死亡」と小山自身の年譜は終わっている。楽しかったオリンピックの翌年のことだ。

古本屋大塚書店

今年（二〇〇六年）の夏は阪神戦より、高校野球の方がよほど面白かった。にわかファンだから、ダース君という投手もそれまで知らなかったけれど、彼がサヨナラ打を打たれて泣き崩れるのを見ていたら、不意に涙が出てきた。歳といえば、それまでなのだが。

古本屋になって二十六回目の夏だった。

東京郊外の住宅街で小さな古本屋を始めたのは一九八〇年の六月だった。一年ほどが過ぎた頃、毎年初夏に開かれている近代文学古書のオークションに参加したくて申し込みをした。これは逸品が集まる大きな会で、もちろん私にはそんな資力も知識もなかったけれど、でも本物が動く現場を見たかったのだ。

この入札会は全席指定なので、事前に申し込んでおくのだった。ところが、当日の朝会場に行くと私の席はない。

申し込み多数につき、というようなことを言われたのだろうが、立ち見でもいいから会場で本を見たいと言うと、隅に呼ばれて、「なら働くか」と言われた。

入札用の本を控え室から台車で運んだり、落札になった本を別な控え室に運ぶ仕事、その手伝いをするのなら会場にいてもいい、ということだった。

「それで、内堀さんどうしたの」。いかにも面白そうだと身を乗り出してきたのは死んでしまった大塚さんだ。

大塚書店は神保町の神田古書センタービルの四階にあった。歳は私より十歳上だったけど、同じ駆け出し仲間だった。

私は、それなら手伝いをすると返事をした。本が見られるのならどこでもよかったし、ここで帰ったら、もうこういう場所には二度と来ないような気がしたからだ。

「ようするに帰れということよ。しかし、よう言うたね」。関西訛りでそう言うと、大塚さんはいつものように笑う。

きっと、似たようなことは、あの頃にはいくらでもあったはずだ。相手にされない、ろくに評価もされない。そんな日々を、すがすがしいというのは妙に違いないのだが、しかし、底抜けに自由な日々にも感じられるのだ。

それでもあの頃は、愚痴もずいぶん聞いてもらった。そして大塚さんは、最後には決まってこう言うのだった。「内堀さんねえ、必ずいいことがありますよ」。そんなときの人なつこい笑顔が、私には本当にありがたかった。

大塚さんが急死したのは一九八九年の五月だった。

大塚書店が入っていた神田古書センターは、神保町の交差点の側に建つ細長いビルだ。大家は一階の高山書店で、この高山さんの親戚が、惣菜だったか弁当だったか、そんな会社をやっていたらしい。大塚さんはそこで運転手として働いていた。その働きぶりがとにかく熱心で、神田古書センタービルがオープンしたときに高山さんは専属運送係として大塚さんを呼んだ。

彼はここでも懸命に働いた。そのうち、大家の高山さんから、倉庫に使っていた四階の一角で古本屋を始めてみないかと勧められる。大塚書店はそうやって生まれた。

古本屋の業界は、今よりずっと閉鎖的だったから、大塚さんのように、素人がいきなり神保町に店を出すというプレッシャーは、私にも想像ができた。それでも、この人は快活で、なにより働き者だった。

一九七七年の神田古書センタービルのオープンから、大塚さんが急死するまで十年とちょっと。大塚さんとの思い出はみなこの間のことだ。

逆に、一九七七年から遡る十年のことを、大塚さんはほとんど口にすることはなかった。

『大塚晴彦追想文集』が出来上がったのは一九八九年の十月だった。編集人には、大塚書店の店員だった有馬君（今、彼は書肆ひぐらしという古本屋をやっている）、『彷書月刊』編集長の田村さん、そして私の三人が並んでいて、発行所は石神井書林、つまり私のところだった。手許にある一冊に大宮印刷さんの見積書が挟まっていて、製作部数は三百部となっている。

この文集には、同業者やお客さんが、「大塚書店」の大塚さんの思い出を書いているのだが、そんな中で一人だけTさんという古い友人が、一九七七年以前の大塚さんのことを書いていた。

「彼（大塚）は大阪の電電公社に入局し、あらゆる妨害をはねのけつつ職場に反戦派の旗をかかげます。それは、既成の労働運動と政党との激しい対決の毎日であり、彼は新しい労働運動と政治闘争の構築をめざし献身的に活動します」

Tさんからこの原稿が送られてきたとき、メモのような短い手紙が同封されていた。自分は今生活が大変厳しくて何も手伝いが出来ないけれど、大塚に代わって礼を言います、という丁寧な文面だった。大塚さんにこんな友人がいたことを、私はそのときに初めて知った。

大塚さんには、元活動家「らしさ」というものがほとんどなかった。でも、いつだったか、長い話を聞いたことがある。

一九六九年十月二十一日。反戦派の若い労働者の「軍団」が、高田馬場駅を占拠し、線路上を新宿に向かった。激しい肉弾戦が闘われたが、圧倒的な警察力の前に鎮圧される。〝十月決戦〟と呼ばれたものだ。その決戦で壊滅した「軍団」の中に大塚さんもいた。

大塚さんから聞いたのは、武勇伝ではなかった。千人近い労働者が逮捕され、職場を追われていく。その壊滅の諸相だった。そういうことを、隠微に話す人ではなかった。公判や再建を巡って、それこそ津波のように押し寄せる問題の中で、大塚さんは中央と対立し結局関西を追われる。そして、東京で運転手の職を得たのが一九七四年だった。

そんな話を聞いたのはいつ頃だったのだろう。

大塚さんが、たまに顔をだすのは夜の八時過ぎで、といっても、住宅街の小さな古本屋はもう深夜のように静かだった。愚痴も聞いてもらったし、いろんな話もした。緑色のバンをいつも店の前に止めていたから、倉庫の帰りだったのだろう。

大塚さんが倉庫を別に借りていたのは、地方都市での即売会をいくつもこなしていたからだ。岩手、新潟、北陸にまで緑色のバンで本を運んでいく。豪雪地帯のスーパーで即売会をやるときに、積雪が背丈を超えていてたどり着けるかどうかを心配していた。雪で搬入もできないところにどうして客が来るんですかと尋ねると、真面目な顔をして「内堀さんねえ、それが問題なのよ」。そう言って、いつものように笑うのだった。

私は、即売会にあまり熱心ではなくて、これからは自分の店で古書目録を作っていく時代だと信じていた。大塚さんも、小さい店が生き残るには在庫を個性化して目録で発信していく以外にないと、それは即売会を重ねていると痛切に感じるのだと言っていた。

しかし、古書目録を作るにはそこそこの在庫が必要だったし、これが一番の問題だったのだが、今とは違って制作費が格段に高かった。なにしろ活版を組んで冊子を印刷するのだから、一冊の単行本を自費出版するのと同じなのだ。

そんな頃、神田の古書店でリースのワープロを入れた店があるというので一緒に見学に行ったことがある。オルガンほどもある大きな機械に心電図でも映すような小さなモニターが付いていて、「じゃあ動かそうか」というと、そこの主人はおもむろにサングラスをかけるのだった。

目の前にある機械は滑稽なほど大げさだったけど、でも、いつか自前で古書目録も作れるようになる、そう思うと何か途方もない夢への突破口が開かれるような気持ちになった。

そういえば、半年ほど前の古書展で、私は『日本古書通信』の「昭和五六年度合本」というのを見つけた。

月刊で出るこの雑誌の巻末には全国の古本屋が在庫目録を載せていて、私も店を始めるとすぐに申し込んだ。あの頃で、一頁の掲載料はたしか二万だったろうか。安い金額ではなかったけれど、それでも半年以上先まで空きはなかった。随分待って、初めて載ったのが翌年。つまり昭和五十六年だった。

パラパラ眼を通していると、二十五年前の私はどんな気持ちでこれを読んでいたのだろうかと思った。駆け出しの若造から見れば、巻末に載っている古書目録は老舗、中堅の古書店ばかりだ。でも、こんなふうになりたいと思った記憶は、まるでないのだ。

今、これを通観すると、載っているのは岩波書店の全集や叢書、役所が出した県史、市町村史。そして、川端康成に井上靖、戦後の直木賞、芥川賞の受賞本。

いや、面白いかどうかではない。いつにしても資力のある店が売れ筋を押さえる。あの頃の売れ筋が、ようするにこういうものだったのだ。

私の店は、その後日本のモダニズム詩集や文献を蒐集していくことになるのだが、この年の合本（巻末の古書目録には毎月三千冊、年間で約三万六千冊が載っているが）、その中から関連のありそうなものを探しても、北園克衛の『空気の箱』が三千五百円（これは私の店の出品だが）、『若いコロニィ』の特製八十部が一万円、尾崎翠の『第七官界彷徨』の元版が八千円（それにしてもこんなに安かったのか）、僅かにそれぐらいのものだ。

大塚書店は澁澤龍彦や稲垣足穂といったところを先駆けて扱い始めるが、この三万六千冊の中に昭和四十年代の足穂の本が、やはり三冊ほどあっただけだ。つまり、一九八〇年代初頭、北園克衛も春山行夫も、あるいは澁澤龍彦も稲垣足穂も、そこの古本屋が相手にするものではなかったということだ。

駆け出しの私たちは、らち外のところに立っていたのだった。そこで少しずつ在庫を組み立てていく。それでも、面白がってくれるお客さんや、励ましてくれたり、育ててくれるお客さんがいたのだ。

二十五年前の『日本古書通信』を見ながら、あのすがすがしさは「らち外」のそれだったのだと思った。

大塚さんは板橋のアパートで急病死して、数日後に発見された。一九八九年の五月。ゴールデンウィークのことだった。京都から兄姉がすぐに上京して、亡骸をお骨にして引き上げた。近親だけでの葬式があったのかもしれないが、そんな連絡が来たわけでもない。

享年四十五歳。そういえば被青同（被爆者青年同盟）の女性と結婚したが、その人は早く亡くなったと聞いたことがある。いや、亡くなるとわかっていて一緒になったのだと。以後、所帯を持つこともなかった。

古本屋歴は十年ほどで、大塚書店という個性をこれから実現できるとば口に立ったところだった。そのことが、私には痛いほどわかった。金には本当に苦労したけど、でも、よそでアルバイトをしてでも自分の古本屋を潰すまいとふんばって、その気持ちを切らすことなくここにたどり着いたはずだった。

同じように古本屋を始め、働き続けた同業者にとって、だから、大塚さんの死は、なんともやりきれないものだった。私は、大塚書店が完全に整理される前に、あの場所で友人たちの手で告別式をしたいと思った。すると、やはり大塚さんと地方の即売会を共にした仲間や、それまであまり口をきいたことのない年長の同業が、手伝えることがあれば言ってくれと声をかけてくれた。私は古書センターの大家の高山さんともあまり面識がなかったけど、そのときも大塚さんと同世代の神田の同業が、是非願いを叶えてほしいと、一緒に頭をさげてくれた。

六月に入って、大塚書店のあった場所で自主告別式が開かれた。大塚書店を育ててきたお客さん、一緒に走ってきた同業の仲間達が、古書センターの狭い階段に長い、長い、本当に長い列を作った。

集まった香典で追悼文集を作った。これが大塚さんの墓なのだと、私は思った。

高校一年生の頃、校舎の窓から山手線の線路が真正面に見えた。高校は新大久保にあった。高田馬場と新宿との真ん中だ。

私が入学したのは一九七〇年で、前年秋に大塚さんたちが線路の上を突撃していったから、駅はまだ激しく壊れたままで、信号も表示板も、線路の敷石も、みな金網で覆われていた。

大塚さんは、あの線路を駆けていって、その先にいったい何があると信じていたのだろうか。

私は、そのことを思うと、なんだか駆け出しの古本屋の日々も、それに似ているような気がした。

十七年前、追悼文集の末尾に、なにか解説めいたことを書こうかとも思ったが、やめた。私たちは、私たちが出会った大塚さんとそれぞれに別れるだけなのだと思ったからだ。だから、大塚さんがいつ生まれたとか、何をしてきたとか、いつ古本屋を始めたとか、そんな略歴は何も載っていない。あの紙の墓碑に埋葬したのは、大塚さんの過去ではなくて、本当は大塚さんが作ろうとしていた、大塚書店という訪れなかった未来なのだ。

私は今でも、たまに大塚さんを思い出す。大塚さんが亡くなって三、四年した頃、私は四十が近くなって父親になった。なぜだか、そのとき、大塚さんが喜んでくれているだろうなと思った。

その子供が小学校に入り、中学に進み、そんな節目ごとに、なぜだか私は大塚さんのことを思い出すのだ。「へえ、もう中学生。よその子はすぐ大きくなるねえ。内堀さんも歳をとるわけだ」、そう言って笑っている。

私はもう五十を過ぎた。笑っている大塚さんはいつまでも四十五歳だ。いつのまにか年下の大塚さんが笑っている。

優れた火災の完了——詩人 塩寺はるよ

暮れが近づくと、古書会館での入札会に活気が溢れてくる。というのは、とにかく出品される量が増えるのだ。師走のあわただしさは嫌いではない。そんな中で『化粧匣の都邑』という薄い詩集を落札した。

古本には、いくら探しても見つけられないものがあり、かと思えば特に探していたわけではないけど不意に出会う本もある。私は古本屋だから、そんなことは言い訳でしかないけれど、それでも「運」だけはどうしようもないと思うことは何度もあった。この詩集も、以前夢中になって探したが、そういうときに「運」は巡ってこないものだった。

『化粧匣の都邑』の著者・塩寺はるよは、昭和九年に二十一歳の若さで亡くなっている。その頃、浜松に『呼鈴《ベル》』という同人詩誌があって、彼女もその同人の一人だった。彼女が遺した数少ない作品を、仲間たちが一冊にまとめた。かつても、今も、無名の詩人だ。でも、そんな無名の詩人のことが、刺さったままの小さな棘のように、私はずっと気になっていた。

『左川ちか全詩集』（森開社）の栞に、『呼鈴』を主宰していた浦和淳が「左川ちか氏のこと」という一文を載せている。当時、面識のなかった左川ちかから突然手紙が届いて、そこには「塩寺はるよはいい詩人だ」と書かれていた。栞の文章はそんな回想からはじまっている。塩寺はるよという名前を初めて知った。

『左川ちか全詩集』が出たのは一九八三年だから、私はまだ二十代の後半だった。あの頃から二十年以上が過ぎている。もうすぐ左川ちかの全詩集が出ると話してくれたのは、青猫書房の阿部秀悦さんだった。少部数の古書目録を毎月発行していた阿部さんは、その頃で三十代前半だったのだろうか。該博な知識はとうてい及ぶべくもなく、私はこの人から本当にいろいろなことを教わった。なにしろ喫茶店で話をしていても、「日夏先生の本の中ではね……」と、日夏耿之介、齋藤磯雄、會津八一にはなぜか「先生」がつく。それがちっとも嫌味に聞こえない。

その阿部さんから『左川ちか全詩集』を制作中だった森開社の小野夕馥さんも紹介された。すずらん通りにあった「駿」という、今はなくなってしまった小さな喫茶店だった。二十代で、こんな人たちの雑談を側で聴けたのは幸せだったと思う。私にとって、左川ちかも塩寺はるよも、実は同じように無名な詩人だった。でも、ずっと昔に夭折した少女のような詩人たちが、私にはとても眩しいものに思われた。

ところが、二年ほど経って、塩寺はるよの遺稿詩集『化粧匣の都邑』が手に入った。それこそ、特に探していたわけではないけれど（なにしろ、遺稿詩集があることさえ知らなかったのだから）、そんなときにポッと現れるのだ。古書目録に載せたらすぐに売れてしまった。

私が塩寺はるよの名前を改めて意識するようになったのは、それから二、三年経ってからのことだった。その頃、私は昭和初頭に北園克衛や山中散生の詩集を出して、やはり若く逝ってしまったある出版人のことを夢中になって調べていた。

そんな中で、ひとつ気づいたことがあった。というのは、一九三〇年前後に吹いたレスプリ・ヌウボオ（新詩精神）の風は、地方都市に住むティーンエイジたちにも、思った以上に新鮮な衝撃を与えていたということだった。北園克衛は『マダム・ブランシュ』にそうした若い詩人たちを次々と登用する。彼らを発見した北園の視線をたどり直すと、まるでレスプリ・ヌウボオの風が吹き抜けていった跡が見えてくるようだった。

そんな中に、浜松の『呼鈴』グループがあった。北園の眼に映った彼らの新鮮さとは何だったのか。その中で夭折していった塩寺はるよという伝説めいた名前を思い出すと、私は改めて、いや初めて彼女に興味を持った。

だが、これは古本の常で、探すとなると、今度はてきめんに見つからないものなのだ。


詩誌『呼鈴』を見つけたのは十五年ほど前、札幌の入札会でのことだった。合本仕立てになっていて、『呼鈴』が何冊か含まれているというものだった。

充分な額を入札したつもりだったが、札幌から送られてきた落札品の中にこれはなかった。そんなマイナーな雑誌に入札するのは私ぐらいだろうという思い込みがどこかにあった。その傲慢さをつくづく呪ったものだ。なにしろ、あの合本の中には『呼鈴』の塩寺はるよ追悼特集が含まれていたのだ。

せっかくの運をふいにした。こうやって買い損ねたときの落胆は持って行き場がない。ところが、三ヵ月ほどが経った年の瀬のことだ。この合本がまた姿を現した。東京で開催されたクリスマス特選入札会の会場に同じ本が並んでいたのだ。

札幌で落札した業者が、もっと高くなるだろうとここに出してきたのか。あるいは、全く逆に、札幌では止め値（この金額以下では取引に応じないという値）を高くしすぎて売買不成立となった出品者が、今度はそれを安くして東京に出してきたのか。いずれにしろ、私にしてみれば突然に訪れた敗者復活戦だった。

塩寺はるよの才気に気づいた左川ちかが浦和淳に手紙を送ったのは昭和八年の夏だった。塩寺はるよが初めて『呼鈴』に登場したのは九号で、これは昭和八年七月の発行と思われる。追悼号では、このとき掲載された詩「秋の家族」を「彼女の処女作」と表記しているから、左川ちかは塩寺のデビュー作を読んですぐに反応をしたことになる。

その年の暮れ、『マダム・ブランシュ』（十二号）にはこんな雑誌評が載る。

呼鈴十三号。田舎の雑誌としてはめづらしく頭の悪い処がない。〈中略〉この雑誌にリイフレット『薔薇の家』No.1がついている。一寸面白い試みで内容も悪くない。塩寺はるよといふ詩人は注目されてよい詩人かもしれない（春日新九郎）

春日新九郎とは、岩本修蔵のことで、彼は『呼鈴』の追悼号でも「一九三三年の秋には塩寺はるよを発見した」と書き、「リイフレット『薔薇の家』で彼女はあの冷たい燃える不滅の焔の様な詩で北園克衛を驚かした」ことを伝える。

この魅力的な附録が付いた『呼鈴』十三号は十一月一日に出た。ここで北園を驚かせた塩寺は、十二月には『マダム・ブランシュ』の同人、すなわちアルクイユのクラブの会員として名前を連ねることになる。左川ちかと並ぶのだ。

昭和八年の夏、浜松の小さな同人誌に初めて詩を載せた。左川ちかや北園克衛がすぐ彼女の詩才に気づき、その年の冬にはレスプリ・ヌウボオの尖端に名を連ねる。そして、翌年の春には二十一歳の生涯を閉じた。なんと性急なことか。そういえば、左川ちかもこの二年後に二十四歳で逝く。離れた二人がこんなふうに一瞬の交差を叶えたのは、なんだか小さな奇蹟のようだ。

ところで、『呼鈴』に載った浦和淳の追悼文にはちょっと気になる一節がある。塩寺はるよは「私の身分に就いては絶対に他言しないこと」という約束の上で『呼鈴』の同人に加わったというのだ。

彗星のように現れた彼女が、しかしどういう人物なのかは一切秘密にされていた。ちょっと奇妙な話ではないか。そのために「塩寺はるよは本当に実在する人物なのか」という嫉妬や疑惑が投げかけられたと浦和は書いている。

浦和淳はこの追悼文の中で、彼女は実在の詩人であり「果実店Hの人であったことを告白」する。だが、「果物店」に勤めていたことが（あるいはその店の娘であったことが）、なぜ身を潜める理由なのかは説明していない。

浦和の追悼をもう少し読んでみよう。

　文学に対する両親の無理解から、別居してゐた氏の生活は、月夜の蟹の如くに漂へ勝ちであつたらしいが、それにも関わらず影の存在に甘えて、窃かに自己の詩精神を水色のランプの如く輝かそうと勉めた真剣な態度はまことに涙ぐましい

こういう書き方も、肝心なところは曖昧なままだ。やはり『呼鈴』の同人だった岡本美致廣は『マダム・ブランシュ』十七号（終刊号）で塩寺の死を伝えている。ここでも「身分を秘めてという契約のもとに呼鈴の同人に加わった」とあり、そしてこう続く。

　現実的にも不幸であった氏が、その性格を作品の上に匂はしたことはあまりにも傷ましい。カーネーションの花かげに身を秘めることが交際に対する儀礼であつた

この「儀礼」の意味が分からない。実は浦和淳の追悼文のなかにも「身分を秘めてと伝ふ堅い約束のため、僕はたまに氏と同席しても勉めて平常の顔を装った」という記載がある。

つまり「彼女」とどこかで同席しても、その人が「塩寺はるよ」の名前で詩を書いている女性であることを周囲に悟られないようにする。ならば、「彼女は実在の人物なのか」という疑問も当然だ。誰も「塩寺はるよ」という詩人に会うことはないのだ。なぜそんな必要があったのか。それから五十年ほどがすぎて、浦和淳は『左川ちか全詩集』の栞にこんな一行を潜り込ませている。

彼女（＝左川ちか）の共感を呼んだらしい塩寺はるよが、アブノーマルな肉体をひたすら隠して書いた『青さ』を象徴する色彩豊かな作品に、同じ立場の同性として、私などには全く考えも及ばなかった異常な共感を持ったのは興味あるものだった。

現実的な不幸とか、影の存在に甘えるという言葉の意味が、ここで初めておぼろげな像を結ぶ。だが、「アブノーマルな肉体」という言葉を、私たちはどうイメージすればいいのだろうか。いずれにしろ、彼女が「塩寺はるよ」という詩人であったのは、十カ月ほどでしかなかったということだ。

暮れに読んでいた上田三四二《みよじ》の『うつしみ』の中に、小説家の高橋和巳に触れてこんなことが書かれていた。高橋和巳は「退院したら鎌倉にええ家探して芝生で陽なたぼっこしたい」「庭いじりもしたい」と、死の近づいた病床から不動産屋に電話をさせていたというのだ。死の間際に、（上田三四二からみれば）とても観念的な高橋和巳でさえも自然とか身体性の側に引き戻されていくことを、上田は自身の癌体験に重ね合わせ「感動」したという。二十代でこれを読んでも、ピンとこなかったかもしれない。
夭折者にはそれがない。塩寺はるよは、まるで走る姿のまま逝ってしまったようにみえる。昭和九年の二月に詩「水色のランプ」を発表した。

水色のランプ

この誇を傷めまい
あなたの耳朶に揺られて石像はやさしく
葡萄畑におり立たう
にはかに歸る人聲が聞えると
影の人の
夜の会話は吐切れました

そして三月には、こんな短い感想を『呼鈴』（十七号）に書いている。「詩人はいつでも水色のランプを持っている。それは絶えず水晶のやうな透明さで輝き、詩人の周囲に光を添える。此は私のたった一つの貧弱な詩論」なのだと。そして「水色のランプが造り出す優美な影がポエジイではないだらうか」。

五月十八日、塩寺はるよは二十一歳の若さで逝った。

彼女の死を、北園克衛は「優れた火災の完了」と書いた。夜の火災が一輪の薔薇のように見えるとすれば、詩人の生命も一つの火災なのだと。そしてこう続けた。

（塩寺はるよもまた）小さないわば瞬間的な火災であった。けれどもそれは充分に意義ある、また紛れもない現代の火災であった

僕たちは若き詩人の塩寺はるよ氏の生命の位置を彼女の聡明な作品たちに依って果てしない闇の中についに見失ふことがないであらう。

「詩人の死」（昭和九年）

塩寺はるよとは誰だったのか。それを知る数少ない関係者も逝き、書物という器に移された「小さな火災」だけが遺されることになった。

出版された部数はわずかなものでしかない、それでも、本は何かを伝えようと現れるものだ。火災が完了したあとの闇の中で、彼女を見失うことはない。

彼女の詩集をもう一度手に入れたいと思ってから二十年ほどが過ぎた。あっという間のように思う。でも、その時間が「彼女」の生涯と同じなのかと思うと、なんだか途方もない気持ちになる。

あのとき、あの場所の一冊——中勘助『飛鳥』

半年ほど前、阿佐ヶ谷を散歩していたら新しい古本屋を見つけた。小さいけれど、大きな窓硝子のある気持ちのいい店だった。奥では若い夫婦が店番をしていて、でも日曜日の午後だというのに客は私一人しかいない。

文庫の棚で、中勘助の『飛鳥』という詩集を見つけた。中勘助は『銀の匙』で知られる作家だが、何冊か詩集も出している。この一冊は昭和二十六年に創元文庫から出たものだ。値段を見ると五百円とある。あのときと同じだ。

一九八〇年の夏、私は東京の郊外で小さな古本屋をはじめた。住宅街の一角で、ここも本当に人の来ない店だった。それでも「詩集の古本屋を作る」とただ思い込んでいた。

在庫カタログを作って、遠くのお客さんにも棚ごと見てもらおうと思った。カタログといっても、わら半紙の両面に在庫を書き出しただけのもので、気の利いたものでもない。しかし、人の来ない店の中でこれを書き続けることが、私にはただ一つの希望だった。

出来上がったカタログを投函した翌朝、電話が鳴った。初めての注文だった。それが中勘助の詩集『飛鳥』。同じ創元文庫のもので、売値も五百円だった。

阿佐ヶ谷の古本屋でこの本をぱらぱらと見ていたら、扉に「ひてふ」とある。そうか「あすか」と読むのではなかったのだ。忘れがたい一冊ではあるけれど、そういえば私はこの本を一度も読んだことがなかった。

いや、それどころか書名までずっと読み間違えていたのだ。

三好達治は、この文庫本の解説で、中勘助の名前は知っていたけど、実は二十年余の間「機縁がなくて、まったく不注意にも」彼の詩集を読んだことがなかったのだと書いている。ちょっと笑ってしまった。

こんな一節を立ち読みしていると、私の背中で「じゃあ、お昼に行ってくるね」と奥さんの声がして、ドアが静かに閉まった。ふと、私はあの頃の深閑とした自分の店に帰ってきたような気がした。

なるほど、三好達治は、過ぎた二十余年なんて瞬く間のことなんだと言いたかったのだろうか。

まるで小さな紙の器のように——詩集の古本屋

「詩集の古本屋」といえば西の黒木、東の鶉屋。もう閉じてしまった店だけど、私の中では今もそのままだ。

神戸の黒木書店を初めて訪ねたのは一九八〇年の夏だった。

小さな店のわりには大きな硝子ケースが奥にあって、西脇順三郎の『Spectrum』と瀧口修造の『妖精の距離』がさりげなく並んでいた。いや、さりげなく見えたのは硝子ケースが古めかしかったのと、なによりも私がものを知らなかったせいだ。あの二冊は誇らしげに並べられていたのだと、私はずっと後になって気づいた。伊良子清白の『孔雀船』のカバー付でも上田敏『海潮音』のカバー付でもなくこれだった。表通りの大看板より、ちょっと奥に入った、でも凄いよこれはというものを愛おしむ。谷中の鶉屋書店もそうだった。

鶉屋書店は七〇年代に、たしか池袋西武百貨店だったと思うが、大きな古書展の合同目録にズラリと主力の在庫、つまり詩歌書を載せたことがある。この目録を、私は暮れの神保町で、どこかの店が大掃除で出したゴミの中に見つけて抜き出した。あれも一九八〇年のことだ。

その目録には、たとえば折戸彫夫の二冊（『虚無と白鳥』『化粧室と潜水艇』）が、昭和初頭の名古屋でウルトラモダニズムを提唱した詩人であると長い解説で紹介されていた。そんな詩人は聞いたこともない。私は古本屋をはじめたばかりで、こういうことは古本屋なら皆知っていることかと誤解し、この目録を毎日食い入るように見ていた。

あとになって分かったのだが、折戸彫夫なんて誰も知らない。レアな文献だから解説まで付して強調したのではなくて、鶉屋書店があそこで折戸彫夫を発見したのだった。

いい歳をしても偏愛的な二人の古本屋が、駆け出しの私には本当に魅力的だった。


ところで、詩歌書は新刊書店でも一番売れない分野だ。西武百貨店のなかにあった「ぽえむぱろうる」は長く続いた詩歌書の専門書店だったが、雑誌で読んだ閉店の記には「開業以来黒字の月は一度もなかった」とあった。これほど売れない詩歌書が、しかし古書の世界では一角をなしてきた。

昔から詩歌書の多くは、少部数の自費出版で商業性は低いものだった。金子光晴の第一詩集『赤土の家』は十部も売れなかった。宮澤賢治の『春と修羅』もほとんど売れず、ゾッキ本として露店でたたき売られている。露店で賢治を発見した草野心平も、自分の初期詩集はガリ版刷の手作りだった。吉本隆明の『草莽』、吉岡実の『昏睡季節』を思いだしても、清水昶の第一詩集も画用紙に印刷した手作りだったという。時間が経てば、たしかにそんな詩集もレアな古書になる。だが、それだけなのか。

この五月に出た『高祖保書簡集』（外村彰編、龜鳴屋）は面白い一冊だった。昭和八年から十九年まで、高祖が近江の詩人井上多喜三郎に送った手紙を収めたものだ。井上は月曜発行所という一九三〇年代の優れたプライヴェートプレスの担い手でもあった。二人の交友は温かくて、まるで佳作の映画を見るようだった。

高祖保の詩集『禽のゐる五分間写生』もここが作った。百部ほどの小さな詩集だが、出来上がったばかりの詩集を井上からの小包で受け取った高祖保は、なんて素敵な書物なのかと、それこそ溢れる喜びを手紙にしている。

書物はそれ自体が作品だ。詩集にはそれが顕著なように思えてならない。作品を盛る器としての書物を、たとえば椎の木社や詩之家出版部、ボン書店やアオイ書房、書肆ユリイカをあげてもいい、たった一人の小さな出版社が作ってきた。

ここには私の思い込みや贔屓目もあるのだが、黒木書店にしても鶉屋にしても、もちろん大看板の稀覯書を得たいとの欲はあったろうが、小さな紙の器のような詩集が本当に好きでならなかったのだろう。そんなものを見つけたり、手に入れたときの喜びは、高祖保が井上からの小包を開けたときの喜びに、どこかで共鳴していたにちがいない。

黒木書店に行くとき、私はいつも三宮から後藤書店やあかつき書店をのぞきながら元町まで歩いた。わりと距離はあって、賑やかな人通りがいつのまにか閑散としてくると、気がつかないうちに通り過ぎたかなと心配になった。ふと立ち止まるのだけど、いつだって店はまだ先なのだ。

鶉屋、中村、わかば、土屋もそうだ。詩集の古本屋は、いつもはずれの、もう少し先にある。

消えた出版社を追って

掌にのるほどの小さな詩集の奥付に、ボン書店という名前を見たのは、もう二十年以上も前のことだ。

私は郊外で古本屋をはじめたばかりだった。詩歌書を蒐めていきたいと、そんな話をしたのだろうか、ある初老のお客さんが戦前の詩書を何冊か頒けて下さった。そのなかに、この小さな詩集があった。

和紙のように見えたが、やや厚手の普通紙だった。そこに、一文字ずつ、それこそ刻むように活字が押されている。充分な余白と、余分をそぎ落とした簡素な装丁。豪華なところは少しもないのに、一冊の書物がまるで一つの作品のように見えた。

「ボン書店らしい詩集でしょ」。初老のお客さんがそう言った。私は、その名前を聞くのも初めてだったけれど、でも、言葉の意味が少しわかるような気がした。

ボン書店は、一九三〇年代に活動したモダニズムやシュルレアリスム文献の出版社で、北園克衛や山中散生、安西冬衛といったあの時代の新鋭詩人たちの詩集を出していた。どれも少部数で、「ボン書店らしい」作りだ。

モボやモガが闊歩した時代。そこに尖端の詩人たちが集まり、スタイリッシュな詩集が生まれる。ボン書店とはいったいどんな場所だったのか。春山行夫（彼もまた一九三〇年代を駆けた詩人だ）は、短い随筆の中にこんな思い出を書き残していた。

ボン書店は、出版社といっても会社ではなかった。鳥羽茂という二十歳そこそこの青年が、一人で活字を組み、印刷もしていた。楽ではない暮らしの中で、彼は稼ぎを投じて好きな本を作っていたが、やがて病に倒れ姿を消してしまう。

ボン書店がなければこうした本（というのは若いアバンギャルドたちの本）は出なかったと、これは春山行夫も記しているのだが、しかし、鳥羽茂という青年がどこからやってきて、どこへ消えたのか、つまり彼が何者だったのかは一切がわからない。回想はそう終わっている。たまたま手に入った古い詩集が、こんな伝説に繋がっているのだから、古本屋という仕事は面白い。

ところが、もう少しこの小さな出版社のことを知ろうと、当時の資料や文献、詩人たちの回想をあたってみても、これ以上の記述はどこにもないのだ。

身銭を切って他人の詩集を作っていた青年のことなど、少し大袈裟に言わせてもらえば、そんな捨て身の情熱を、この国の文学史は覚えていないのだ。

遺された刊行書と、破片のような記憶を蒐めて、私は鳥羽茂という無名の出版人が遺した足跡を、夢中になってたどっていった。

『ボン書店の幻』は、その追跡のドキュメントで、一九九二年に京都の白地社から刊行された。

この秋に、それがちくま文庫から再刊される。

文庫化にあたって、ボン書店が出した本の写真を撮り直すことになった。私は、三十冊ほどの小さな詩集を写真家の坂本真典さんの仕事場に運んだ。どれも必死になって蒐めたものだが、それでもボストンバッグ二つに収まった。

鳥羽茂は二十八歳で逝った。そこで広げた本、つまり、ボストンバッグ二つに収まってしまう本に、彼は生涯を賭したのだった。そう思うと、やりきれなさがこみ上げてきた。

十六年前の『ボン書店の幻』では、物語の最後にたどりつけなかった。それを、今回の文庫では書くことができた。足跡を追いながら、「それでも本を作る」という情熱は、こだわりとか決意ではなく、ただどうしようもない衝動と思うしかなかった。

よく作家の集合写真で「右から誰々、誰々、一人おいて誰々」と、飛ばされている人がいる。きっと鳥羽茂もそんな一人なのだろう。本の向こう側には、言葉では書かれていない物語が潜んでいる。一人おかれたままのそんな物語が十六年も経って再刊されるとは、本の神様はいるのかもしれない。

岩佐東一郎のこと──『書痴半代記』解説

今年（二〇〇九年）の二月、神保町に近い階上のレストランで、八木福次郎さんのゲスナー賞受賞を祝う会が開かれた。

書誌学の父コンラート・ゲスナーに因んだ賞で、書誌ばかりでなく、本についての本も対象になっている。八木さんは『古本蘊蓄』で受賞されたが、この人の真骨頂は、九十三歳の今でも月刊の書物誌『日本古書通信』の現役編集者ということだろう。昭和十一年から、ずっとこの仕事に携わってきた。

岩佐東一郎の「書痴半代記」も、『日本古書通信』（昭和三十一年四月〜三十五年十二月）に連載されたものだった。

ところで、今はもう絶えてしまった書物誌という雑誌のジャンルは、一九二〇〜三〇年代には誠に活気溢れるものだった。『書物誌展望』（斎藤昌三・八木書店・昭和三十年）によれば、大正十四年から十五年の二年間だけで十一種類もの書物誌が創刊されている。しかもそのタイトルを拾ってみると、『愛書趣味』『本道楽』『書物礼賛』『紙魚』『典籍』等と、新刊情報誌ではなく、ほとんどが古書趣味の雑誌なのだ。昭和に入ってもブームは続き、昭和十四年までに四十七誌が創刊になっている。つまり、十五年ほどの間に六十誌ほどの古書趣味の雑誌が生まれたことになる。『日本古書通信』もその中の一つだった。

出版にしろ書店にしろ、その規模は比べようもなく大きくなっているが、しかし、書物の周縁はその頃の方がずっと豊かなものにみえる。「書痴」という言葉が、たとえば「マニア」という言葉の偏狭さから免れているとすれば、そんな豊かさを通り抜けてきたからだろう。白髪の八木福次郎さんを、私は今でもよく古書の入札会の会場でお見かけする。これほど長く古本を見てきても飽きることはないのかと感心するが、なるほどそれが「書痴」の所以なのだ。八木さんは岩佐東一郎より十歳若かった。

岩佐東一郎は、一九〇五年に日本橋で生まれた。

一九〇五年生まれというのは、妙ないい方だが、わりと運のいい巡り合わせが用意されていた。本書にもあるように大震災を十八歳で迎える。たしかに未曾有の大災害だったが、これを機に都市は近代的な景観へと大きく変貌していった。それに連動するように、新しい芸術運動、文学運動は躍動する。その中心にいたのが、岩佐と同じ頃に生まれた当時二十歳そこその青年たちだった。

たとえば、一九〇〇年生まれが尾形亀之助、柳瀬《やなせ》正夢《まさむ》。一九〇一年が村山知義、岡本潤。一九〇二年が北園克衛、春山行夫。一九〇三年が林芙美子、瀧口修造。一九〇四年が城《じょう》左門《さもん》、正《まさ》岡容《おかいるる》。そして一九〇五年に岩佐東一郎、田辺茂一。まさに、モダニズムの世代なのだ。

岩佐東一郎の詩集『航空術』（第一書房・昭和六年）に収められた「午前」という作品では、都市生活者の日常をこんなふうに描いている。

　新聞が朝を戸毎《こごと》に配達する　珈琲茶碗がぱつちり眼を覚ます　郊外が都会人《ひとびと》を追ひ立てる
ラッシ・アワアが身がまへる　眠気が粉々に打ち砕かれる　からつぽな都会《まち》が蓋を開ける
昇降機《リフト》のピストンが動き出す　街路が群集のベルトをかける　交通整理は機《はた》を織る　百貨店
の温度が上昇する　ロオルス・ロイスが奥さんを取り出《いだ》す（以下略）

郊外と都心、ラッシュアワー、エレベーター、群集、デパートと、これは絵に描いたような「新しもの好き」と言えばいいのだろうか。『航空術』という詩集のタイトルもそうだが、岩佐は飛行機に乗るのが好きで、この頃の随筆には定期運航をして間もない旅客機で大阪や福岡に飛ぶ話がいくつかある。別に急ぎの用があるわけではない。ようするに流行の最先端が大好きなのだ。

　レスプリ・ヌウボオ（新詩精神）とよばれた新しい文学や芸術運動の担い手たちには地方出身者が多かった。うっかりすると、まだ江戸時代の名残さえあるような田舎から、群集と騒音の都会に出てくる。その衝撃は大きなものにちがいない。「新しさ」は、文学にしろ因習にしろ、旧弊なものを打破するものだった。ところが、岩佐東一郎には、そうした力みがまるでない。

　岩佐は日本橋生まれの神田育ち。江戸っ子だ。本書でも取り上げているが、学生時代に、友人の城左門や正岡容（この二人も神田生まれだった）と一緒に『開化草紙』という雑誌を出す。若い前衛たちが「新しさ」を果敢に打ち出す中で、ここには辻潤や稲垣足穂と並んで金語楼や正蔵といった噺家の名前がある。弾けるような新しさと、エキゾチックな昔が同居していたのだ。

江戸っ子はそういうものかもしれない。岩佐も「新しいもの好き」というフットワークの良さは抜群だが、一方で通人のおおらかさを持ち合わしていた。そして、これが楽しそうなのだが、この趣味の世界は、縦社会でなく、横の自由な繋がりなのだ。

「交書会」の話は、これも本書に何度か出てくるが、そんな楽しさをよく伝えている。戦争末期、それこそ空襲の中を命からがら集まっては、持ち寄った古書を交換したり、書物談義を愉しむ会を開いていた。随筆集『風船蟲』（青潮社・昭和二十五年）によれば、この会は昭和二十年の五月から始まり、十二月までに八回開催したとある。つまり空襲だろうが、戦争が終わろうが、進駐軍が来ようが、毎月一回、これだけは欠かさなかったのだ。どれほど楽しみにしていたかが伝わってくる。

会員は「詩人あり作家あり劇作家あり俳人あり新聞記者あり巡査あり画家あり教師あり医者あり会社員あり学生あり老いたるあり若きもあり」と多彩な顔ぶれだ。本書の「書痴六十年」の項には一部の氏名が列記されていて、会長に医師で大蒐書家の東秀二。顧問には書物展望社を立ち上げていた大書痴の斎藤昌三。会員に春山行夫（モダニズム詩人）、戸坂康二（劇作家）、十和田操（小説家）、相磯凌霜《あいそりょうそう》（永井荷風研究家）などがいる。戦時下の息苦しく統制された中で、職業も年齢も関係なく、本好きということだけでこんな繋がりを作る。何とおおらかなことか。これもまた、書物誌がいくつも登場した時代、それこそ書痴時代とか古本時代とでも呼びたくなるのだが、そこに流れていた豊かな精神だろう。

この繋がりは、もちろん戦後も続く。『書痴斎藤昌三と書物展望社』（八木福次郎・二〇〇六年）に「楽しき火金会」という章がある。茅ヶ崎に住んでいた斎藤昌三は、銀座木挽町《こびきちょう》にあった書物展望社に火曜と金曜に顔を出していた。いきおい、この日に書痴の面々が集うようになり、それを火金会と呼ぶようになった。岩佐東一郎はもちろん、交書会会長だった東秀二、そして『日本古書通信』の八木さんもそのメンバーだ。いい歳をした大人が、仕事でもないのに三々五々集まってくる。もっとも、空襲でも集まった人たちだ。相変わらず仕事とか肩書きとか、そういうものからはみ出したところでこの人たちは繋がっていた。そんな会が昭和二十年代半ばから三十年代まで続く。

岩佐東一郎が『日本古書通信』に「書痴半代記」の連載を始めたのが昭和三十一年。ちょうどこの頃だった。この本を読んでいると、書痴たちのおおらかな雑談に耳を傾けているような気分になる。彼らの何とも楽しげな座の余韻が、きっと行間に残っているからだ。

深夜食堂

去年の暮れのこと、夜遅い時間に『深夜食堂』という三十分のドラマがあって、そのオープニングのタイトルバックに流れていたギター一本の弾き語りが、はかないというのか、消え入りそうというのか、とってもいいものだった。

インターネットで調べてみたら、歌っているのは鈴木常吉という人で、『ぜいご』というCDにこの曲は入っている。だが、ちょっと様子がちがっていて、というのは、テレビドラマの主題歌になったのだから、いくらかは派手に宣伝してそうなものなのに、そんな気配がない。アマゾンにそのアルバムが一点あるのと、あとは鈴木さん個人のホームページに「ギャラが現物支給になりました。どうせ買うなら私から」とあるぐらいだった。

さっそく申し込んでみると、二、三日して鈴木さん本人から振替用紙同封でCDが送られてきた。およそ地上波のドラマで主題歌を歌うミュージシャンとのやりとりとは思えないものだが、中に手紙が添えられていて「内堀さんお久しぶりです」とあった。

記憶の底はすっかり浅いものになっているけど、あぶり出しのように遠い情景が浮かんできた。

学生時代の先輩が静岡で本屋をやっていて、たしか彼はそこでアルバイトをしていたのではなかったか。バンドでは食えないと言っていたのが、電車の中であったり、どこかの喫茶店であったり、記憶はきれぎれのものだが、そんな断片の中で、いや古本屋だって同じだけど、でも面白いよ、凄く面白いと、私はなんだか夢中になって話している。

しばらくしてバンドブームが起きた。略称セメミキという彼のバンドもちょっとブレークして、弾けるように歌う彼を、あのときも私は夜中のテレビで見たのだった。

私の方は、市場での支払いに四苦八苦しながら、隔月で古書目録を出し始めた頃だった。どうしてこうも食べていけないのかと思うばかりだったが、隔月に出せば、いつも目録発行の直前だから無理もできる、いつも目録を出した後だから入金もある。これはいい作戦と思った。ところが、そういうのを自転車操業というのだと後で教えられた。こぎ出したら、倒れるまで休めないんだぞと。それでも、市場で本を見ることも、買った本をいじることも、目録の原稿を書くことも、みな楽しかった。支払いをのぞけば、だが。

自転車をこいでいる内に、バンドブームも終わり、セメミキの名前を聞かなくなった。あれから二十年、いやもっと過ぎている。

CD『ぜいご』に彼の写真があった。渋い中年がアコーデオンを持ってどこかの河川敷に立っている。さすがに過ぎた時間を感じたが、それでも、結局好きなことをやってきたのだ。私はどうだったろうか。

暮れの三十日に、近所の銀行に行った。『ぜいご』の代金を振り込んだ。

古書肆の眼・日録(II)

二〇〇六年

■某月某日

朝刊の読書欄に、『和本入門』（橋口侯之介・平凡社）が紹介されていた。ちょうど私もこの本を読んでいるところだった。

著者の橋口侯之介さんは、神保町で和本を扱う古書店誠心堂書店のご主人で、クラシックな反面コンピューターにもとても明るい。たとえば橋口さんが開発した古書目録製作の業務用ソフトで、私たち無店舗の古書店はどれほど助けられたかしれない。

まだ、世の中にパソコンがそう普及していない頃に、橋口さんからこのソフトやパソコンについての説明を受けたことがある。もちろん私は「質問もできないほどにわからない」のだが、でも話を聞いているうちに何かできそうな希望を持てたものだった。『和本入門』を読みながら、私はそのときのことを思い出していた。

「（和本というのは）読みやすく、扱いやすく、作りやすく、保存しやすい」、そんなスタイルにたどり着いた本とある。つまり、先人は様々な物語や情報を後世に伝えるために、「千年生きる書物」を生み出したのだ。ところが、今の私たちにはどうにも馴染みにくい。

パソコンと和本は両極端なものに思えるが、どう扱ったらいいのか、どう「読め」ばいいのか、そのわからなさはどこか似ている。しかし、「習うより慣れろ」というのも同じで、この本もまず一冊の和本を触るところから、「馴染みにくさ」を平明な語り口でひとつひとつ解いてゆく。

実際、二百年、三百年前の書物が、古書店では思いの外リーズナブルな値で売られているのだ。それを身近なものに感じられないのは、なんだか損をしているような気にもなってくる。古書展の会場で文化人類学の山口昌男さんに、和本の世界には手を付けないのですかと尋ねたことがある。山口さんは、二つだけ、これには近づかないと決めているものがあるのだと言った。おそらく、その面白さに夢中になればもう戻ってこられないからで、それが「一つはジャズで、もう一つが和本」だそうだ。

なるほど、入門といっても、この途はとんでもないところに続いているらしい。

■某月某日

業者の入札会に歌集が大量に出品されるというので、その仕分けを手伝うことになった。入札会では、たとえば歌集なら、レアなものは一冊で、特にそうでなければ作家や結社別等に分けた束で出品される。全体の量をたずねると、「だいたい四トンぐらい」。歌集四トンと言っても（あんまり言わないか）、もともと自費出版が多いジャンルだから、古書としてなお読者を持てるのは、その中のほんとうに僅かなものなのだ。仕分けとは、それを選び出して、分別するのだ。

たしかに凄い量だった。この中でそこそこの古書価がつくものはおそらく一割もない。なかでもこの二十年ほどですっかり人気がなくなったのが戦前のアララギ系だ。斎藤茂吉、島木赤彦、中村憲吉、古泉千樫、土屋文明、こうした歌人たちの歌集を一生懸命蒐めた世代が蔵書を整理する頃になって、しかしそれをなお欲する次の読者がいない。全歌集や全集が整備されたから読む分には事足りるのだが、そのオリジナルの歌集を書架に持っておきたいという読者はとても少ないのだ。

では、人気のある歌集は何かといえば、ほとんどが戦後のものに代わった。塚本邦雄の第一歌集『水葬物語』、寺山修司の『われに五月を』『空には本』、岡井隆『斉唱』、山崎方代の『方代』等々。戦後といっても、もう半世紀も前の古書なのだが。

さて、この四トンの歌集は、先年亡くなったNという老歌人の旧蔵書だった。この歌人にはちょっとした思い出があって、もう十年以上も前だが、私の店で出している詩歌古書の在庫目録の「値段が偏向している」とえらい剣幕で怒られたことがある。というのは、七〇年代の新鋭歌人に比べて自分の歌集の値が不当に安いと言うのだ。こちらもカチンときて「私の好みで値付をしています」と返したら、声を震わせて「お前はすでに操られている」と「北斗の拳」みたいな捨てぜりふを残して電話が切れた。

この四トンは、あの人の蔵書か。なるほど、私好みの歌集は本当に少ない。蔵書もとことん偏屈だったんだと感心しながら仕分けをしていると、でも、懐かしい人に会っているような気がしてきた。

■某月某日

「原爆関係文献二五〇〇冊一括」、入札会の出品目録にこんなものが載っていた。長い時間をかけて、ひとりの人が蒐めてきたコレクションなのだろう。これは、ちゃんと見ておこうと思った。

会場に行くと、文字通り壁のように積み上げられていた。一縛り二十五冊で百本。報告書や研究書から、原爆を題材にした文学、漫画まで広がりは多彩だ。だが、八割以上の本は、それ一冊をとれば珍しいものではない。つまり、あの本が売れるとか、この本が高いというのではなくて、それぞれが自在に繋がって出来上がっている二五〇〇冊の「壁」なのだ。これを買って、壁を解体し、自分の古書目録で再構築していけば、いろいろなことに出会えそうな予感がする。わくわくもしてくる。口をあんぐり開けて眺めていると、同業の友人たちもいつの間にか並んで眺めている。面白そうだ、しかし思うところはきっと一緒だ。場所がない。事務所も、倉庫も本だらけで、これだけの量を運び入れる余裕がもうないのだ。

つい先日、同業の友人が、事務所の向かいのマンションを倉庫用に借りることにした。彼は、何年か前、新築した事務所の地下に倉庫を造った。なんとも羨ましい話だったが、しかしそこも本でいっぱいだという。「地下を掘ったけど、結局本で埋めてしまった」、なるほど感慨深い言葉であった。

彼は美術書の古書が専門だ。専門の在庫というのは、原爆文献コレクションと同じで、互いに繋がりあいながら出来上がっている。つまり、古本屋の仕事は、一冊の本がどれだけ多様な本に繋がっていくのか、周辺がどんどん広がっていく面白さなのだ。しかし、その心意気を支えるにはいつも場所が足りない。昔、先輩の同業に言われたことがある。古本屋は、金とか名誉よりも、末期の際まで「もうちょっと場所がほしい」と思うものだと。

ところで、原爆関係文献一括は沖縄の同業が落札した。この量を沖縄に運ぶのはちょっとした引っ越しで、運賃も相当かかるのだろう。でも、そんな面倒も彼は嬉しそうだ。心意気に溢れた笑顔だった。

■某月某日

入札会に行くと、やはり近代文学を専門にしている先輩の同業が近づいてきて、「もの凄い本が出ている」、すれ違いざまにそう声をかけられた。

なんだろうと、その日の逸品が並ぶコーナーを見ると『ルウベンスの偽画』（堀辰雄・江川書房刊・昭和八年）がある。入札用の封筒には「古賀春江肉筆絵入本」と記されていた。

古書の世界には、いわゆる「幻の本」と呼ばれるものがあって、出版されたという話はあるけれど、実際に見た人はいない、そういう本だ。

『ルウベンスの偽画』もその一冊で、この本には限定三百部のうち一番には東郷青児、二番には古賀春江の薔薇の肉筆画を入れたと記載されている。シンプルだけど本当に洗練されたたたずまいの本だ。これに特別な二冊がある。かつて、名だたるコレクターたちは、この二冊を求めて東奔西走した。だが、ついにこの肉筆絵入り本を手に入れるどころか、誰も見ることとさえ叶わなかった。

そして、この本にはいろいろな噂がつきまとうことになる。古賀春江本はもうこの世にないという噂。いや最初から出なかったという噂。昭和四十年代に贋作が作られたという噂。その贋作は実は本物だったという噂。どれも、もっともらしい話になっているのだが、しかし肝心のオリジナルを誰も見ていないことには変わりはなかった。そして、なぜだか不意に姿を現した。そんな幻の一冊が。

その真贋について私にはわからない。ただ、当時の小出版社の資料や案内を見ても、挿絵として使う予定が取りやめになったので、一番本と二番本にはその原画をさし込んだとあって、つまり、本そのものに違いがあるわけではない。

だから、この本の最大の魅力は「誰も見たことがない」ということに尽きるのだと私は思っていた。今日、私はそれを見たのだろうか、それとも……。

「どちらにしろ探していた人たちは、みんなもう死んじゃいましたから」。会場の隅で、八十歳に近い老店主が私にぼそっとつぶやいた。なるほど、凄い本があるわけではない。凄いと思う気持ちがあっただけなのか。

■某月某日

千駄木の「古書ほうろう」で、映画文献専門の稲垣書店・中山信如さんを囲むトークライブがあった。私も一緒におしゃべりをすることになって、日暮里の駅から夕暮れの谷中銀座をぬけて、初めてこの店にでかけた。

ここでは「稲垣書店がやってきた!」というイベントが開かれていて、店の一角に稲垣書店の棚から抜いてきた映画文献や小津安二郎の自筆色紙等が並んでいた。念のために書いておくと、稲垣書店は映画文献の出版社ではなくて、三河島にある映画書の古本屋なのだ。つまり、千駄木の古本屋の一角に、稲垣書店という別の古本屋を呼んだイベントなのだ。

こんな企画は、たとえば新刊書店ではおよそ考えられないことだ。神田の三省堂書店で「新宿紀伊国屋がやって来た」というイベントをやったところで、いったい何がやって来るのか。

古本屋というのは、小さいけれど、それぞれの店主が一軒ごとに作っている本屋だ。たとえば稲垣書店は、売れないことでは定評のある映画文献を一途に蒐集してきた。もちろん三河島という街がそれを求めたわけでもない。誰もそんなことを頼んではいないのに、映画文献の本屋が一軒もないようでは情けないとこの四半世紀を駆けてきた。

『彷書月刊』の田村七痴庵編集長の司会で、この夜は稲垣書店について語り合った。結局自分の好きなことしかやってないのではないか。顧客満足度を無視して店主満足度しか考えてないのではないか。こういう古本屋が七〇年代以降の古書業界にどんな影響を与えたのか。ときに爆笑をはさみながらの二時間だった。

ところで、古書ほうろうも、思えば不思議な古本屋だ。なにしろ、他の古本屋のフェアを（しかも二ヵ月間も）やってしまう。こんな自由な発想は今までの古本屋にはなかった。こうやってまた古本屋の可能性は拡がっていくのだろうか。谷中、千駄木の街に似て、風通しのいい古本屋だった。

■某月某日

初めての方からの電話だった。おたくの在庫目録に載っている塚本邦雄のことでうかがいたいと言う。先方は塚本の古くからの読者だと名乗られた。塚本邦雄は、間違いなく戦後短歌を代表する歌人で、限定版や特装版までを含めれば、どれほどの数の著作を遺しただろう。大変な数の著作を遺して先年亡くなられたのであった。

「署名本がたくさん載っていますが」と切り出されて「この値段は塚本が亡くなったということを含んだものですか」と尋ねられた。なんだか税務署員の質問のようだ。そんなことを意識したこともなかったので、言いよどんでいると、「つまり、作家が亡くなるとその署名本というのは高くなるのですか、安くなるのですか」と今度は直截に問われた。私は咄嗟に「安くなります」と応えた。今度は先方が黙ってしまった。

もう自筆の署名本は生まれないのだから、今後希少になることはあっても、安くなることはないのではないか。そう思われがちだ。たしかに、夭折した作家ならそうかもしれない。というのは、その作家が死んだ後も、同時代を生きたファン（読者）は、まだ陽が落ちる前の長い時間を生きていくからだ。三島も寺山も、乱暴に言えば夭折のうちなのだ。

しかし、一般的に言えば、作家の寿命は、同時代の熱心な読者の寿命と重なっている。ある時代を象徴するような作家に出会い、夢中になって読み、限定版が出ればそれも買いそろえる。持っていない初期の作品はボーナスが出れば古書店で買う。

そうした作家が寿命を全うした後には、熱心な読者の蔵書があちらから、こちらからと古書の入札会に出始めるものだ。しかし、以前のようにそれを熱く求める需要はもうない。だから安くなる。

「手放しても安いということですか」、電話の主はちょっと不満そうな声だった。何をもって高い安いと言うのかは難しい。しかしこの人も全うしたのだ。「手にできるのはおつりです」、そう申し上げたら、はじめて電話口の向こうから笑い声が聞こえた。

■某月某日
京都の画家林哲夫さんのブログ「デイリースムース」で、五車堂書店の主人が、もう亡くなっていることを知った。

五車堂は神戸にあった古書店で、主人は久保田厚生さんといった。誠実な人柄が、私には懐かしい人だった。

七〇年代が終わろうという頃、私は神田の古書店の店員をしていた。その頃、久保田さんは京都に本社を置く大きな古書店の中軸社員で、東京のオークション会場でも颯爽としていた。

家業が中心の古書業界だから、「個人」がいきいきと仕事をしている様子が、店員の私にはまぶしかった。

神戸のテナントビルに古書店五車堂を開いたのは八〇年代の半ばで、住んでいたマンションを手放して開業資金を作ったらしい。海外文学と美術書が中心のサロンのような洒落た店だったが、経営は芳しくなかったようで五年ほどで店を閉めることになった。

その後、岡山でチェーン展開していた大型古書店に再就職する。都落ちのように思えたが、大阪の入札会で何度か見かけた姿は、いきいきとしたものだった。この人は古書店主より、優秀な社員が向いているのかと思った。実際、そういう人はいるものなのだ。

神戸に五車堂を開いた頃、「五車、五車と～」という土屋文明の歌色紙が店に飾ってあった。以前私が勤めていた店の主人からもらったのだと笑顔で話してくれた。もちろん私にも記憶があった。というのは、これはある記念に作った複製なのだ。久保田さんはそうと知って喜んでいたのか、それとも本物と思ってのことだったのか。嬉しそうにこの色紙をながめていた姿が、私の中で今もこの人を象徴している。

四年ほど前に亡くなったそうだ。その前の年だったのだろうか。岡山に行く用事があって、この大型古書店に営業時間を尋ねる電話をかけた。電話に出た男性はとても丁寧な応対で、ああ久保田さんだとわかった。ずっと昔、オークションの会場でぎこちない挨拶をした古本屋の店員に丁寧に応えてくれた、あのときとまるで同じだった。

■某月某日

「この本は以前どなたかがお持ちになっていたものの払い下げなのでしょうか」。そんな問い合わせのメールが来た。誰が持っていたのかわからないものを買いたくない、と言わんばかりなのだ。でも、古本は、そういうものだ。メールやファイルとは違って、モノだから。そこに人の気配は残るものなのだ。

以前仕入れた小林秀雄の『私小説論』（昭和十年）には、「中野重治様　小林秀雄」という署名があった。昭和十年というのは、中野重治が転向出所をした翌年だ。本文にはあまり読み込んだ形跡はないが、二行だけペンで線が引かれていて、「伝統主義がいいか悪いか問題ではない……」という下りだ。二人は同じ歳だった。

ところが、この本にはもう一つ署名があって、小林が中野に贈った署名の横に「○○様　一九五〇年九月六日　虫歯を今日一本抜きました　中の重」と毛筆で記して年少の文芸評論家に贈っている。本はこうやって転々とするけれど、しかし、そうか。この本は戦後しばらくまで、中野重治の書架で大切にされていたのだ。

転々とした本といえば、面白い本を買った。大正十一年に出た『続歌舞伎年代記』。著者の田村成義は、調べてみると歌舞伎劇場・市村座を経営していたとある。この人は大正九年に亡くなっていて、巻頭には「贈呈志賀直哉様　田村壽二郎」と著者の息子による献呈署名が入っている。志賀直哉の書架にこの本は永く置かれていたのだろう。さきほどの署名の横に、今度は「転贈　阿川弘之様　昭和二十六年六月　志賀直哉」とある。志賀は書架の本を阿川弘之に贈ったのだ。と、その横に「転々贈　千谷道雄兄　昭和二十七年九月　阿川弘之」と献呈署名がある。千谷は歌舞伎研究家で、デビュー作『秀十郎夜話』が出るのはこの六年後だ。さらに並んで「転々々贈　佐藤様　昭和六十三年　千谷道雄」とある。これほど、来歴を残した本も珍しいが、こんなに幸せそうな本もそうは見ない。

本は、あれこれの人の記憶や気配を詰め込んだ器のようだ。人の手を経ながら、どれもみなたった一つの本になっていく。そうだ、『続歌舞伎年代記』に、私も名前を残しておこうか。「転贈」でなく「転売」だが。

■某月某日

「大市」というのは、そのまま「オオイチ」と読んで、年に何回か開かれる大規模な入札会のことだ。以前は、各種の全集が所狭しと並んだものだった。全集や叢書は大市の花形で、老舗は山のようにそれらを落札していたものだった。それが、すっかり人気もなくなって、この秋の大市でも数えるほどしか出ていなかった。

代わって人気をよんでいるのが「紙もの」という、ポスター、チラシ、パッケージ、絵はがきなど片々としたもので、こうしたものが会場の一角どころか、今ではワンフロアーを占めている。私はそうしたものを扱わないので、たいていはやりすごすのだが、今回ふと目に入ってしまったのが、かつて国鉄がキャンペーンをしていた「ディスカバージャパン」のポスターだ。このオリジナルが二十種類ほどまとめて出品されていた。

一九七〇年の万博が終了した後、国鉄はもう一度客を呼び戻そうというのでこのキャンペーンを始めた。それまでにない抒情を、スタイリッシュなデザインのポスターに載せた。あの頃、というのは私の場合高校から大学にかけての時期なのだが、山手線の中吊りでこのシリーズをよく目にしたものだった。見ていると、本当に「遠くまで行くんだ」と思ったのだから、私の場合、思う壺だったのである。

山手線の中の、なんでもない、でもとても遠い情景から、まるで破片がこぼれ落ちてきたように、ポスターは私の目の前に置かれていた。数百年前のお経の断簡と、七〇年代の電車の中吊りポスターとが、同じように並んでいる。つくづく古本屋の市場は面白いところだ。さて、買ってどうしようという算段はないのだが、これを欲しいと思った。もちろんお経ではなくポスターの方だ。いくらぐらいなのかは見当も付かず、一枚二千円見当から出発して数字を上げていったら落札となった。

懐かしかったのはポスターではなくて、本当はそれをぼんやり眺めていた三十数年前の自分自身ではなかったのか。また自己愛に溺れてしまった。

事務所に置くには邪魔なので、自宅に持って帰ると「またそんなもの貰ってきて」と家人は言うのだった。ン万円で買ってきたとは、なかなか言い出せない。

■某月某日

『早稲田古本屋街』（向井透史・未来社）を読んでいたら、この界隈の古本屋さんが昭和四十年代に開業しているというので、なんだか意外な感じがした。もっと昔からあったものとどこかで思い込んでいたからだ。

一九八〇年、私が東京の郊外で古本屋を始めた頃のことだ。何かの席で早稲田の古本屋の店主からこんな昔話を聞いたことがある。

長い店員（修業）生活を終えて、いよいよ早稲田で自分の古本屋を開いたとき、何が嬉しかったって、田舎の母親を呼んで国技館の大相撲に連れて行ったんだよと、店主は笑顔でそう話したのだった。

なるほど、早稲田古本屋街は古くからある。そんな『三丁目の夕日』のような話も、きっと私がまだ小学生の頃のことだろうと思っていた。ところが、あのときの店主は、ほんの十年ちょっと前をふり返っていただけなのだ。小学生どころか、私はそろそろ高校生ではないか。

この本には、その昭和四十年代に早稲田で古本屋を始めた男たちの回想が収められている。それにしても、本（古本）はそんなに売れたものなのかと、思わずため息が出るような逸話が多い。たとえば、青空古本市をやろうとしても、参加店を集めるのに苦労する。店でどんどん売れてしまうから、催事のために古本ストックできないというのだ。携帯メールがまだないとはいえ、日本人ってそんなに本を読んでいたのか。そういえば、高校の先輩に連れられて、私が初めて早稲田古本街に行ったのも昭和四十年代、一九七〇年だった。授業を抜け出した高校生までが、古本屋に行っていた時代だった。

たった十年前のことを、遠くの美談のように聞いていた頃から、古本屋という仕事は、急速にかつての活気を失いはじめていった。よそ行きの古書はともかく、普段着の古本が動かなくなる。そのうち、古本を売って食べていくというのは、職業ではなく、まるで「生き方」だと言われそうな状況だが、不思議なもので「なら、もう辞める」という業者はあまりいない。これは昭和四十年代の早稲田の回想にも感じることだが、古本屋という仕事の中に息づく楽天性だけは、きっと今でも健在なのだ。

■某月某日

過ぎていくこの一年で、思い出深い収穫はなんであったか。となると、最初にあげたいのは詩人平戸廉吉の書幅だ。平戸は、震災前の東京で「日本未来派宣言運動」なるビラを撒く。これが大正アヴァンギャルドの詩人たちに大きな影響を与えるのだが、ネットだブログだという時世からみれば、ビラで志を伝えようという伝統的な手法はなんとも好ましい。私は、永くこのオリジナルビラを得たいものと願っているがどうにも叶わない。そんな詩人の書幅、つまり掛け軸が入札会に現れたのだ。軸を収める桐箱には「未来派詩人平戸廉吉之書」なる堂々とした箱書きがあって、アヴァンギャルドにはどうかとも思うのだが、ひろげてみれば、驚くほど字も下手。しかしここには少しのけれんみもない。上手く書こうというのではなく、紙面いっぱいに自分の詩を書くそのひたむきさが伝わってくる。平戸はビラ撒きの翌年に三十そこそこで夭折する。この世に遺した書幅など、あるいはこれ一つではないかと思えば、どうしても落札したい作品であった。

もう一つは、『機甲本イカルス』（稲垣足穂・昭和四十八年）の限定十三部。これは稲垣足穂の著作というよりアーティスト中村宏の作品だ。というのは、すべてが銅板で出来ている本で、その総重量は二十五キロほど。まるでオブジェなのだ。本文ももちろん銅板。ちょうつがいでガチャンと開くのだが、指をはさめば大怪我をする。二十五キロが電話帳ほどの大きさに凝縮していると、なんだか異様に重い。もともと本というのは邪魔で重いものなのだと、激しく自己主張をしているうちにとうとうこんな姿になってしまったのか。そう思うと、ふと感慨を深くして買ってしまった。

洗練されたデザインの一冊や、ちょっと素敵なコダワリ本が、ロハスな雑誌や液晶画面を通じて紹介される。でも、物としての存在感はますます希薄になるばかりだ。出来は悪いのに、でも実物を前にすれば何かが波動のように伝わってくるもの。邪魔だから動かそうとしても理不尽に重い本。思えば五感と繋がるものが、愛おしいのか。座りのわるいものを抱えながら、今年も暮れていく。

二〇〇七年

■某月某日

入札会で作家の返信葉書が百枚ほどあるものを買った。昭和三十年代のあるリトルマガジンの編集室宛のもので、つまり原稿依頼に対して承諾の可否を返信した、そのハガキの束なのだ。

ぱらぱら見ていてとても面白かった。同じ断るのでも、ちょっとした一言に人柄が出る。室生犀星は、今は忙しくてこの断りのハガキ一枚書くのも大変なんだから原稿なんか書けないとある。でも、あの豆粒のような字だから、全然威張った感じがしない。中川一政は、丁寧な毛筆の楷書で、今は画に追われて書けませんと、これは額装にして飾りたくなるような出来だ。可否のどちらかにマルをして名前しか書いていないものでも、川崎長太郎、永井龍男、木山捷平、小沼丹、結城信一、上林暁と並べば、その人の署名を見るだけでもちょっと贅沢な気分になれる。

一年ほど前だろうか、村上春樹の自筆原稿が古書店で高額で売られていると報じられたことがあった。もちろん問題は流通の経緯にあったのだが、村上春樹も含めて多くの作家が原稿をパソコンで書くようになって、そういう作家の手書き原稿は稀少になっているという話が印象的だった。たしかに、パソコンで書いて、メールで送る、それがこれからの主流なのかもしれない。

ということは、もう筆跡から受ける印象なんてものはなくなるのだろう。原稿用紙になぜマス目があるのかを一度も考えたことがないような中上健次のアナーキーな原稿と、一文字ずつ丁寧にマス目を埋めている島尾敏雄の原稿との違い。豆粒のような字の犀星と豪放磊落な字の朔太郎との違い。寺山修司はそもそもあの筆跡の中にいたのではないか。書いたものを持ってみたいと思うのは、それが作家の顔だからだ。こうした楽しみが「不適切な流出」のおかげなら、そんなことをしておくのも出版社の大切な仕事のように思うのだが。しかし、原稿がデータでやりとりされるようになれば、筆跡そのものがなくなる。もし明治時代にワープロがあったら、尾崎紅葉はあれほどの大作家になっただろうか。

■某月某日

港や書店の古書目録34号が届いた。この号では「博覧会と議事堂」という、なんとも魅力的な特集が組まれている。

港や書店は、建築書を専門に扱う古書店だ。店舗もなければ、自店のホームページを持つわけでもない。蒐集した古書は、三〜四ヵ月ごとに発行する冊子（古書目録）に載せる。つまり、この古書目録が「港や書店」なのだ。

それにしても面白い特集だった。最初の頁は「明治初期団子坂菊細工大仕掛刷物一括」という菊人形の見世物資料から始まっている。こうした見世物から日本最初の博覧会の記録、そしてさらに規模を大きくする明治大正の様々な博覧会。そんな様子が木版刷錦絵や写真帖、記録文献などで紹介される。しかし、よくもこれだけ蒐めたものだ。

また、それと併行して議事堂建築に関する様々な文献資料が並ぶ。二ヵ月で焼失したという最初の帝国議会議事堂（そんなことも初めて知った）から、現在の議事堂に至るまで、これもよく蒐めたものと半ばあきれてしまう。

見世物小屋のように、消えていくことが前提の博覧会と、それこそ恒久的な建築物の象徴である議事堂。この全く逆なものを組み合わせてみせる。ここがとても古本的なのだが、これは熟慮の末の綿密な蒐書の成果ですという感じがまるでない。入札会で、あるいは即売会で、興味のままに夢中で蒐書しているうちにこれが出来上がってしまった。そんな感じがするのだ。だから、なにかが繋がっていく驚きや興奮がここにはそのまま刻まれている。

「面白い特集だった」というのにはもう一つある。まるでたっぷりとした参考文献一覧を見ているようなのだ。つまり、この特集の向こう側にある、「博覧会と議事堂」という、まだ姿を現さない壮大な物語を想像すると、なんだか途方もない気持ちになる。

私もいつかこんな仕事をしてみたい。そう思うとき、古本屋でやれる仕事はまだまだあるのだと背筋がピッと伸びる。

■某月某日

「そういえば、セドリのSさんを見たって」。午後の古書展の会場で棚をながめていたら、古くからのお客さんからそう声をかけられた。

初めてセドリのSさんのことを知ったのは、もう十五年、いやもっと前だったろうか。「田中啓介に詩集があるらしい」という噂を耳にしたときだ。田中啓介は、大正の末年に登場して、稲垣足穂ばりのモダンな作品を残し、ほどなく姿を消してしまった作家だ。文学事典にカケラも載っていない無名な人物だが、そんなものでも探し出せることに驚いたものだ。

セドリ屋は古書の転売で利ざやを稼ぐ人たちだ。Sさんはあの頃で六十歳ほどに見えた。それが本職だったわけではないのだろう。たとえば、古本屋で「幸田露伴全集の第三巻だけが欠けている」（昔は揃うと凄く高かったのだ）というと、この人に頼んで見つけてもらう。研究者からの頼みで「最初の芥川全集の内容見本」「建設社版ジイド全集に中原中也が書いている月報があるらしい」「農業経済学の××博士の古希記念の歌集」を探す。一度だけSさんと珈琲を飲んだときに、聞かされたのはそんな厄介な注文ばかりだった。漱石の初版本とか三島由紀夫というほうがよほど簡単なのだと小さく笑った。

でも、大げさではなくて、この人の頭のうちには、たいていの古書店の棚が記憶されているようだった。それも、売れそうにない（ということは棚に並んでそうもない）ちょっと厄介な古本の在りかを、「ああ、あの本なら経堂の××にあるよ」と覚えているのだ。なんと、無駄な知識に溢れているものかと呆れたものだが、しかし不思議なもので、度を超した無駄は神聖に見える。

ずっと姿を見なかった。実は、本業は某大学の図書館職員で定年になってもう隠居したのだとか、一人暮らしで孤独死をしたとか、そんな噂を聞く度に、田中啓介のことを確かめそこねたなと思っていた。そうか、まだ健在なのか。しかし、古本屋の側にSさん好みの豊かな無駄は健在だろうか。

■某月某日

朝刊に「書肆アクセスが秋で閉店」と載っている。神保町の一角にある十坪ほどの新刊書店だが、そんな小さな店の閉店が新聞記事になるのだ。店の大きさではない。その存在感がどの大型書店にも負けてはいないからだ。

ここは地方小出版社流通センターの直営販売店で、つまり大手取次店が扱わない小さな出版社の出版物を並べている。だから、ベストセラーや話題の新刊はないけれど、ここにしかない本、ここでしか買えない雑誌が狭い店内に溢れている。

私は、ずっと古本屋のような新刊書店だと思っていた。もちろん、揶揄をしているわけではない。小さくても、ここにしかないものを探し、そうしたものを積み上げて本屋を作る。それが古本屋の矜持だと思ってきたから、それこそ古本屋のように奮闘するこの書店の姿、どんな巨大書店に比べても全く独自の輝きを放っているその姿が、私には希望だった。

ところが、この十年ほどのインターネットの普及は書店の在りようもずいぶん変えてしまった。仏教書をあつかっているある古書店の話では、以前はお寺が自費で資料集を作ったときなど、それを何十冊か預かり店頭や在庫目録で紹介すれば、たちまり売れたという。仏教関係のマイナーな出版情報がここに集約されていたからだ。

ところが今では「お寺が自分のホームページで案内し、そんな資料集でもネット書店のアマゾンで購入可能」なのだそうだ。

そうやっていずれ本屋は消えていくのだろうか。そんな話をリトルマガジン『彷書月刊』の編集長としていたら「(書肆アクセスに本を置いている)版元が毎月いくらかでも分担金を払えないかなあ」と言うのだった。なるほど、版元も(あるいは客も)、毎月いくらかの会費を出して小さな本屋を支える。まるで森を守るトラスト運動のようだ。本屋は、いつかまたそんなふうに蘇るのだろうか。書肆アクセスは、閉店になってもなお、希望であり続けるのかもしれない。

■某月某日

書肆アクセスで、『HB』という創刊になったばかりのリトルマガジンを買った。「高田馬場から考える」という特集が面白そうだったからだ。

この中の「さよなら古書感謝市」（橋本倫史）は、今年の五月に幕を閉じた高田馬場ビッグボックスでの古書市のことだ。まだ二十代の橋本は「（この古書市が）最後かと思うとさみしくなって、最後の一週間、会場に毎日足を運んでしまった」と尋常でなく思い入れが深い。最終日、終了時間が過ぎても彼はその場に残る。いよいよ終わってしまうその感慨を共有したかったのだ。しかし、そんな熱い視線をよそに、古本屋さんたちは淡々と本を縛って、最後の手締をするでもなく三々五々と引き上げて行くのであった。行き場をなくした感慨だけが取り残される。

この古書市は高田馬場の駅前で毎月開かれていた。一九七四年からというから三十年以上も続いたことになる。雑多で敷居の低いこの古書市は、「古本と自分、古本屋と自分との距離を縮めてくれた」という。つまり、ここを通じて、入りづらいと感じていた古本屋は身近なものになったというのだ。私もそうだが、こう感じた人はきっと多いはずだ。

ビッグボックスの会場は、間口が吹き抜けで開いていて、まるでハラッパに古本が積んでいるような解放感があった。ハラッパには何もないけれど、でも面白いことはいくらでもそこから作り出せる。橋本のルポを読んでいると、この特別ではない古書市（だからこそ続いたのだが）

が消えていくことは、そんなハラッパが一つ消えることだと言っているようだ。

ところで、撤収作業を見ていた橋本は、「大半の店主が還暦を迎えているというのに、殆ど全ての作業を自分たちだけでこなしている」ということに気づく。つまり、この古書市が始まった頃、大半の店主たちはまだ三十歳前後だったのだ。三十年の歳を重ねても自分で組み立て、自分でバラす。最後までここはハラッパだった（ビッグボックス古書市は再開されています）。

■某月某日

暮れが近づくとこの一年の収穫を思う。今年一番は、小山清の書簡を得たことだろうか。『落穂拾い』で知られる寡作な小説家だ。この人の書いたもの、つまり自筆資料を見ることはとても少ない。しかも、後に妻となる女性に宛てた書簡で、古書の世界にはこんなものも出てくるかと驚いたものだった。

これは去年のことだが井伏鱒二の『黒い壺』（昭和二十九年）を買った。小山清に宛てた献呈署名が入っていた。井伏は「清水町」に住んでいて、荻窪駅から青梅街道をバス停で一つほどのところだ。そのままバスに乗って十五分ほど行くと関町に入る。小山清が住んでいた町がここで、実は私も関町で育った。本が出た昭和二十九年は、私の生まれた年だ。そのとき小山清が手にしたその本だ。

関町に隣接する立野町には木山捷平が住んでいた。畑と雑木林を抜けて小山清の家からは十五分ほどだろうか。私が古本屋をやっている石神井公園はそこから自転車で二十分ほどで、ここには庄野潤三が住んでいた。

この四人の交わりは滋味豊かなもので、関町（立野町を含む）・石神井・清水町を、私は肥沃な三角地帯と勝手に呼んでいる。いつか古書目録で「三角地帯特集」を作ってみたい。

きっかけになったのは、もう三年ほど前のことで、木山捷平が掲載されている雑誌ばかりを集めた一括が入札会に出てきた。戦前からのコレクションで二百冊ほどあった。これだけ蒐めるにはよほど手間と時間がかかったろう。凄いものだ。

もう四半世紀以上も古書の入札会に通っているが、「凄い」は止むことがない。無理をして買えばそれだけ懐は寒くなるのだが、いつだって「凄い」と「嬉しい」、それと「いつか」を選んでしまう。いや、必ずこの古書目録は編もう。また年が暮れていく。

二〇〇八年

■某月某日

昨年の暮れの古書展に詩集『月に吠える』（大正六年）の無削除版が出た。出た、と言うとお化けみたいだが、それほどに見ることのないものだ。このときの価格は四百八十万円。すぐに注文があって売れてしまったそうだ。

『月に吠える』は萩原朔太郎の最初の詩集だが、このうちの二篇が風俗壊乱にあたるとして発売禁止となった。いや、正確に言うと、このまま出せば発禁になるが、この二篇を削除すれば発行は可ということになった。そのため、朔太郎は既に知人に献呈した分まで回収してこの部分を徹底的に削除したのだった。それでも、削除を免れたものが残っているといわれていた。

詩書で知られた谷中の古書店・鶉屋の主人は「(無削除版は)本当は無いのかもしれない」と言った。あれは、鶉屋さんが病に倒れた頃だから昭和五十年代のことだ。お茶の水の日大病院の一室で同業の先輩にそんな話をするのを、私は隅っこで聞いていた。「結局、俺は月の無削除は見られないいまだよ」。あれほど近代の詩書を蒐めた古書店の主も結局見ないまま逝った。

あれから、この本は三冊現れた。一冊は既に亡くなった文芸評論家のもとに。もう一冊は著名なコレクターのもとに。そして、今回の一冊だ。

鶉屋さんが遂に見ることも叶わなかったものが、この四半世紀に三冊も現れたのは、一つのサイクルが終わったからだろう。戦前からこの無削除版は稀書といわれていた。だから、その入手が叶い大切に秘蔵していた持ち主が亡くなっても、次の代では書架から動かさない。門外不出の封印が解かれるのはさらにその次の代までかかる。そのサイクルがこの四半世紀に巡っていたのではないか。

と、考えると、『月に吠える』の無削除版は、この三冊の他に新たに出現する可能性はとても少ない。なんだか大変なチャンスを失したような気もするのだが、しかし、次にこの流星群が巡るとき、「月の無削除」、この暗号を解読できる古本屋はまだいるのだろうか。

■某月某日

古書の入札会に一九三六年「早稲田大学政経学部卒業アルバム」が出て驚くほどの高値となった。別に早稲田の人気ではない。この年（だけなのだが）、政経学部の卒業アルバムを名取洋之助らの日本工房が制作したのだ。この優れたグラフィックデザイナーたちの仕事は、今や海外でも大変な人気だ。

数年来、森山大道や川田喜久治らの写真集の古書価がそれこそ急騰した。買っていたのはアメリカやヨーロッパのバイヤーたちで、それ以前から一九二〇〜三〇年代の日本のアヴァンギャルド芸術を熱心に蒐集していたのもやはり海外のバイヤーたちだった。

たとえば岡田龍夫という版画家は、大正アヴァンギャルドたちの著作や雑誌に独特な作品を遺した。船の甲板に使われていたリノリウムを使った版画で、これはこの時期だけのものだ（岡田自身が昭和に入ると消息を絶ってしまうのだが）。

萩原恭次郎の『死刑宣告』（大正十四年）は著名な詩集だが、本文のほぼ全ページに岡田龍夫の作品が入っていて、彼の版画集のような一冊だった。齋藤秀雄の詩集『蒼ざめた童貞狂』（大正十五年）は、もっと大胆に岡田の版画が使われたが、詩人が無名のために『死刑宣告』ほどは知られていない。そんなものでも問い合わせをしてくるのは海外のバイヤーだった。

私は驚くほど心が狭いので、岡田の相場はそんなに高いものではないと、つい生意気な口をきいてしまう。こういうところで外人は屈折していないから、本当にお前の心は狭いと同意してくれる。そしてあるバイヤーはこう続けた。夏目漱石の初版本に何十万も出そうという人間はこの国を一歩出ればどこにもいないんだと。

なるほど、かつて輸出する瀬戸物の包み紙に余った浮世絵を使っていた。彼らはむしろこの包み紙に魅了されたのだった。包み紙に金を出すなんて外人は本当に馬鹿に見えただろう。なんだか似てはいないか。岡田龍夫のリノリウム版画は第二の浮世絵だったのか。

■某月某日
五反田の古書展の出品目録に風船舎の名前を見つけた。阿佐ヶ谷にあったこの小さな古本屋が閉じてもう一年になるだろうか。「中央線沿線のちょっと素敵な古本屋」という感じだったが、でもそんなイメージが彼らにはどこか窮屈そうだった。彼らというのは、風船舎の若い夫婦のことだ。

この夫婦はいつも二人で古書の市場（入札会）にやってきて、とにかく熱心に本を見ていた。店で売れそうな本ではない。なんだか得体の知れぬものを丁寧に見ているのだった。

たとえば、後に彼らが出した古書の目録にはこんなものが載っている。『悪男醜女を綺麗にする美顔術専用電機』、その説明書（といっても百四十八頁もある）が二千五百円。『ある女学生の戦中青春日記』(本ではなくて当時の女学生が遺した本物の日記。一万円)、鉱山の資料、軍人の妄想っぽい手記等々。「なんだコレは」という時代の破片を市場で見つけ出してくる。私は奔放な好奇心が少し羨ましかった。

古本屋には問屋がない。古本や諸々の資料が集まる市場に分け入り、たとえば夭折詩人が遺した極少部数の遺稿集も、無名なアヴァンギャルドの作品もここで見つけ出す。でも、いつだって古本の市場にはまだ気づかれないままの面白さがある。それは、どこにも分類できない、得体の知れない雑多なものたちなのだ。

風船舎の好奇心は、いつもそういうところに向かっているようだった。たしかに阿佐ヶ谷の「ちょっと素敵な古本屋」には似合わなかったのかもしれない。彼らが店を閉めて、通販の、つまり無店舗の古本屋になってしまったのは、破片に映った面白味に目を凝らしているうちに、そのまま向こう側の世界に行ってしまったかのようだ。

客商売で業者が面白がってどうするんだと揶揄もされそうだが、それでも「私が面白い」を追いかけながら古本屋は何かに出会っていく。

落札した得体の知れぬ雑本の向こうに、この若い夫婦はいったい何を見ているのだろう。金はなさそうだが、幸せそうな笑顔をしている。

■某月某日

もうずいぶん以前のことだが、古書展に『浅間山』（昭和七年）という岸田國士の戯曲集を出したことがある。これを買って下さった方から後日葉書を頂戴して、「帰ってからよく見たら、あれは普及版とは別に作られた限定版の方でした。佳い本を頒けていただけて感謝していますす」というのだった。

古書展で掘り出し物をしたと自慢げに言う人は多いけれど、こんな直截な文面で礼状を出す人は知らなかった。それが西村義孝さんだった。

東京古書会館のギャラリーで「佐野繁次郎装幀展」を見た。装幀本約三百点が並ぶのは壮観で、ここに展示されていたのが西村さんのコレクションだった。

一人の作家ではなく、一人の装幀家を軸に蒐集する。その面白味が見る側にも伝わってくる展覧会だった。

佐野繁次郎は洋画家だが、本の装幀でも異彩を放っている。書き文字だけを使ったデザイン（私はこれが好きだ）などバリエーションはあるが、どの表紙も何かの部分に見える。一つの絵画作品の部分というだけでなく、たとえば小さなレストランの手書きのメニューや、街角の塀に書かれた落書きなど、街頭の部分をそのまま貼り付けているように見えるのだ。だから、その仕事を一堂に集め、展示することで、初めて感じる広がりがあった。

この春に出た『佐野繁次郎装幀図録』（『spin』3号・林哲夫編）に西村さんは蒐集の苦労話を披露している。古書展に通い、背文字を追いながら佐野装幀本を探す。これもまた、部分を丁寧に拾っていく作業だ。そういえば巻頭の『浅間山』（岸田國士）も佐野繁次郎の装幀本だった。「それでも古書展へ行きます。行かないと次が見つかりません」と書く西村さんは、普通のサラリーマンだ。そのひたむきな作業によって、はじめて目にできた風景だった。

「圧巻でした」。そう声をかけたら、「自分の家では全部広げて見られる場所がないので、私もよく見ておきます」。西村さんはそう言って笑った。

■某月某日

「七夕古書大入札会」に出かける。近代の古書では最もレアなものが蒐まる入札会で、二日間の下見展示会は一般にも公開される。

今年の目玉は十六冊にも及ぶ梶井基次郎の自筆日記だ。最低入札価格は八百万。その横に、梶井基次郎の原稿がドサッとあって、未定稿（原稿）十二組約二百枚。この最低入札価格が二百万。自筆物の稀少さでは、宮澤賢治、小林多喜二、そして梶井の三人は筆頭で、自筆葉書一枚でもほとんど見ることがなかった。梶井の生前唯一の著書『檸檬』も署名は母親が代筆したといわれていて、とにかく現在に伝わる自筆は少ない。それがドサッと姿を見せた。まるで魔法が解けたように。

『検眼図』は瀧口修造と岡崎和郎が共同製作したオブジェだ。以前、美術館で見たこの立体模型が、限定百部で市販されたものと知って、いつか手に入れたいと思っていた。こちらは最低入札価格三十万。夏休み家族で沖縄に行けばこんなものでは収まらない。沖縄は来年もあるが、『検眼図』に次はないかもしれない。そう思って会場で現品を見る。ガラスケースの中にはどうということのない箱があった。ここに各パーツが収まっていて、なるほどそれを組み立てるとあのオブジェになるわけだ。箱付は喜ばしいことだ。しかし、組み立てたオブジェを置いておけるスペースがなければ、こうして箱を眺めるしかないのだ。年に一度ぐらいは出して組み立てるのだろうか。それも、だんだん面倒になるのだろう。五月人形みたいだ。やめておくか。

『マヴォ第一回展覧会出品目録』は、大正アヴァンギャルド達の記念碑的な資料だ。十六頁程の小冊子で、出品作品のタイトルが並ぶ。復刻もされているが、しかし表紙の味わいが違う。最低入札価格は十八万円。こんな冊子が今日までよく残ったものと感慨はある。が、値を考えると、表紙以外に本当に見るべきところがない。

立原道造『暁と夕の詩』の著者旧蔵特製本は誠にそっけない作りで最低入札価格三百万。梶井の原稿二百枚がもの凄くお買い得に思える。いや、ドサッとあってもしょうがないか。庭から石油でも出てきたら考えればいいようなことだが。

■某月某日

夏の休日の、これは楽しみの一つだが、水風呂を浴び、ラジオの高校野球を聴きながら、好きな本を何冊か積んでごろごろ過ごす。

『昔日の客』(関口良雄・昭和五十三年)は大好きな一冊で、もう何度読んだかわからない。著者は大森にあった文学書の古書店(山王書房)の主人で、この本が出る前年に亡くなった。文学が大好きで、人と話すのが大好きで、酔えば楽しく歌う。とにかく快活な人だったという。

なんでもない日々を記した随筆集だが、郊外の小さな古書店に流れる時間はとても豊かだ。訪れるお客さんのこと、私淑する尾崎一雄や上林暁のこと、出先で作家の伊藤整に間違われてそのままなりすました逸話など、「そういえばこの前こんなことがありましてね」と、まるで主人から話を聞いているような気分になる。私は一度もこの店を訪ねたことはないけれど、それでも読むたびに懐かしい。今でも日暮れ時には、この小さな店に灯りがついて、硝子戸越しに伊藤整に似た店主の姿がみえる、そんな気がしてならないのだ。

作家の野呂邦暢も若い頃にこの店の客だった。といっても、主人と親しかったわけではない（このスタンスがいい）。ここが思い出の深い古書店だった。芥川賞の受賞式で上京した野呂は夫婦でこの店を訪ね、そして新しい作品集を主人に渡す。そこには「昔日の客より感謝をもって　野呂邦暢」とサインがあった。この嬉しい言葉を、関口は自身の随筆集の書名にした。だが、楽しみにしていた出来上がりを待たずに亡くなってしまう。

関口が亡くなった翌年、野呂は文芸誌に「佐古啓介の旅」を連載する。郊外の古書店が舞台で、佐古は父親の後を継いだ二十代の若い古書店主という設定だった。ところどころで父が残した渋い文芸書が顔を出す。閉じてしまった山王書房に、野呂もまた想いを重ねていたのだろう。この二年後に、野呂は四十二歳の若さで亡くなった。

『昔日の客』は稀に古書で目にする。佇まいのいい本だ。野呂の連載は『愛についてのデッサン』としてまとめられ、これは現在みすず書房から復刊されている。

■某月某日

こう暑いと店は売れないよ。夏の古本屋の挨拶みたいなものだ。もっとも、冬になれば「こう寒いと」になり、春と秋は「さすがにこう気候がいいと」と、いつだって不景気なのだが。

とはいいながら、『彷書月刊』の九月号を読んでいたら、映画文献の古書で知られる稲垣書店の中山信如さんがこんなことを書いていた。小津安二郎のシナリオ集『お茶漬の味他』（昭和二十七年）の原節子宛署名本をオークションに出したら百万を超えてしまったというのだ。題して「原節子宛献呈署名代百壱萬円也」。

小津の『お茶漬の味他』は中山さんの著書『古本屋シネブック漫歩』（平成十一年）にも紹介されているが、本そのものは珍しいわけではない。古書相場は八千円ぐらいとあるし、五冊見れば一冊には署名があるほど署名本も多いと書いている。ちなみに、ただの署名入は稲垣書店で現在四万円だそうだ。しかし小津が原節子に献じた自著となれば世の中にこの一冊しかない。中山さん自身も「すなわち天下一本。絶対に売らない」と豪語していた。だが「絶対に売らない」ものを人は必ず手放す。これは古本の世界の鉄則なのだ。

夏に開かれたオークションでこの本の最低入札値は三十万となっていた。出品目録を見て、ずいぶん高いものと驚いたものだが、私あたりはやはり全然わかっていない。というのは、あれよあれよと競り上がり、結果は百五万。同じ本の署名入の売価が四万だから原節子宛という付加価値が百一万というわけだ。しかし、これは付加価値なのだろうか。むしろこうしたオリジナル性そのものが実は古書の「価値」ではないのか。

そんな「天下一本」が驚くほど高くなったといっても、思えばそこらへんを走っている軽自動車ほどの値段なのだ。中山さんの一文には儲け話特有の嫌味は微塵もない。どう考えても、買えた側の幸せには敵わないからだ。「絶対に売らない」、これを手に入れた人は今そう思っているに違いない。だが、そんなものでも必ず手放す。古本屋の希望の鉄則だ。

■某月某日

来るときには気づかなかったのだが、用を済ませた帰り道に一軒の古本屋らしき店を見つけた。というのは、入り口の半分は蜜柑箱とかゴミ袋でふさがれていて、それでも硝子戸には「ご自由にお入り下さい」と貼り紙がある。中をのぞくと、積み上がった本の隙間に書棚が見える。たしかに古本屋のようなのだ。そういえば、ここはネットの「古本屋ツアー・イン・ジャパン」で紹介されていた店だ。彼は勇気を出してここに入っていた。

このブログは、いわゆる古本系のブログの中ではダントツに面白い。書き手は、仕事の関係で毎日あちこちに出かけるようで、その町で見つけた古本屋をダッシュでのぞいて様子を伝える。そのライブ感がとてもいい。武蔵関、王子、下高井戸、大井町、中野など、ここに登場するのはごく普通の町の古本屋だ。

下北沢では、店のシャッターは閉まっているのに、外壁に作りつけの棚にはびっしりと本を並べたままの店に出くわす。しまい忘れたのではない。無人の野菜販売所のように「代金はこちらに入れて下さい」と備え付けの小箱があるのだ。商魂たくましいのか、商売する気がないのか、微妙なところだ。

千歳烏山ではそれこそ無人店舗に遭遇する。店の人が席をはずしていたのではなくて、そもそも店内にレジとか机とかそういうものがないのだ。棚には「万引きは人生を駄目にする」というスパイシーな警句に並んで「精算は向かいの不動産屋でお願いします」と貼り紙されていた。こんな、驚くべき（という形容詞は違うようにも思うが）古本屋がいくつも登場する。

つくづく古本屋はどれひとつをとっても違うものだ。私は同業だけど、それでも理解できない店はいくつもある。淘汰もされず、もちろん繁盛もしてない。まるで、そこを流れる時間だけがこの世のらち外なのだ。

二十一世紀の町なかに、まだそんな違和が残っている。十年後にこのブログを読めば、いや、今読んでも東京の町は妙に懐かしい。

■某月某日

浪速書林のご主人梶原正弘さんが亡くなった。大阪駅前のビルにある関西を代表する古書店だが、文字通りのたたき上げ。一代でそれだけの店を作った人だった。だが、ここの真骨頂は特集形式で発行されてきた古書目録だろう。

年に一回発行される浪速書林古書目録は、なにかしらの特集が巻頭を占める。「特集近代日本における発禁本」は圧巻だったが、書誌学文献特集、谷崎潤一郎特集、堀口大學特集、川端康成特集等々、いずれも著作を網羅し、そこに写真と書誌的な解説を附した。どの号も、さながら書物の事典だった。

私が思い出深いのは「歌集でたどる歌人群像」という特集号で、発行されたのは七〇年代後半ではなかったか。近代の主要な歌集が、心の花やアララギ、覇王樹など結社系列に分類され、書誌事項の解説を添えて並ぶ。今に至るも、これほどの歌集の事典はない。

あの頃、私は神保町の古本屋の店員だった。詩歌書の古本屋を作ることが遠くの夢で、しかし、店に届いたこの古書目録を見てそんな夢は生涯叶わないような気がした。全頁コピーさせてもらって、私は毎晩眺めていた。やがて自分で小さな古本屋をはじめてもそれは同じで、今も書架にあるのはあのときのコピーを綴じたものだ。

古本屋をはじめて二年か三年経った頃に浪速書林を訪ねた。ぎこちなく自己紹介をして、私は何を言ったのだろう。ご主人の梶原さんは、笑いながら「目録ぐらい送らせてもらいます」、そう言ってくれた。

あれから、私のところにも事典のような目録が届くようになった。どれだけのことを教わったろう。「検索」で何かが分かる時代ではなかった。古書目録に盛られた情報は、いわばその店の経験と知識の成果だ。それを駆け出しの古本屋に公開する。何かを教えようというのではないが、伝えることで若い同業者は育つ。なるほど、古本屋はそういう世界なのだ。

訃報に七十五歳とあった。はじめて会ったときの梶原さんの歳を、私はもうとうに越えている。

二〇〇九年

■某月某日

古い本を見てもらえないかと、近所のお宅から声がかかった。出かけると、築五十年以上は経っていそうなお宅だ。「祖父が好きでした」と永井荷風の初期の作品が驚くような保存状態で残っているのではないか。「祖母が短歌を」などといって与謝野晶子の『恋衣』カバー付もさりげなくあるのではないか。どうしたものか、古い家を前にするとこうした妄想が必ず湧いてくる。しかも、妙に具体的なのだ。

部屋に通されると、お祖父様は特に荷風がお好きではなかったようで、古い経済書が書架からはみ出すほどにある。本はどれも立派な作りだが、今ではすっかり需要のなくなったものばかりだ。その中に、『ETUDES』（昭和二十五年）という詩集があった。著者の福田正次郎は詩人那珂太郎の本名で、これが第一詩集だ。「母の高校時代に担任の先生が出したものらしいです」。那珂が教員時代の出版だから、生徒はお付き合いで買ったのかもしれない。この部屋でこれが一番貴重なものですとお話しすると驚かれた。

中原中也は、第一詩集『山羊の歌』（昭和九年）の前に、『ゴッホ』（昭和七年）という文庫本を出している。ただし、著者名は安原喜弘。友人の安原が自分の所に来た仕事を、食えないでいる中原に回したのだ。

この著者名は実はこの人、というケースはいくつかあって、福田定一の『名言随筆サラリーマン』（昭和三十年）は、司馬遼太郎が勤め人時代に本名で書いたものだ。ごく普通の新書判で、以前はこれを百円均一の棚で見つけたという話をよく耳にした。高い頃には十万円を越える値が付けられたものだ。浦井靖六の『現代先覚者伝』（昭和十六年）も、新聞記者をしていた井上靖と浦上五六との共著で、著者名はこの二人の名前を組み合わせたもの。戦時中に出た白神鉱一の『海軍の父山本五十六元帥』（昭和十八年）は詩人中桐雅夫が本名で出したものだった。

古書として人気のあるものは、必ずしもその著者の代表作ではない。むしろ、古書の面白さははみ出した側にあるものだ。重厚な佇まいの経済書や法律書、各種全集が整然と並ぶ書斎は、だから古本屋としてはあまり喜ばしい風景ではない。

■某月某日

土曜の古書展でぼんやりと棚をながめていたら藤沢桓夫《たけお》の『大阪』（昭和十二年）を見つけた。函は欠けているが三百頁ほどの小説が八百円というのがありがたい。

東京古書会館では毎週金、土曜日に古書展が開かれていて、初日の金曜は相変わらずの賑わいだが、二日目の（しかも午前中は）のんびりしたものだ。

私も古本屋なので、耳学問で藤沢桓夫は知っていた。何冊かその著作を売ったこともあるが、実は読んだことがない。一ヵ月ほど前の古書展で買った文庫本の『大阪自叙伝』（昭和五十六年・ちなみに二百円）が滅法面白かった。もう少し読みたいと思ったが、新刊ではもうこの人の本は出ていないようで、その文庫本さえ品切れとなっていた。

これもちょっと前のことだ。必要があって大型書店で野口冨士男の随筆を探した。ところが、文庫の『わが荷風』と『私のなかの東京』しか置いてない。帰って調べてみると、他はもう品切になっていた。徳田秋声が新刊で読めないならまだしも、野口冨士男がほとんど読めないのは驚きだった。古本屋では現役の人気を保っている作家だからだ。たとえばインターネット「日本の古本屋」で検索すると、野口冨士男で五百件以上がヒットする。もちろん、同じ本の重複は多いのだが、そのおかげで（と古本屋が言うのも妙だが）価格は安めに安定している。

藤沢桓夫を「日本の古本屋」で検索すると、これも二百九十件がヒットする。別に新刊の世界から消えていても、面白いものはここで十分に供給されている。何の問題もないと言えばそれまでだが、では、どんどん大きくなる新刊書店には、いったい何が詰まっているのか。

去年の十月、金沢の小出版社・龜鳴屋から『上司小剣《かみつかさしょうけん》コラム集』（荒井真理亜編）が出た。明治から大正に新聞連載したコラムを集成したもので、四百八十頁の厚さだが読んでいて飽きることがない。実は、上司小剣も古書では売ったことはあるが、読んだのは初めてだった。なるほど、面白いからすぐ売れたのか。上司小剣の本が新刊書で出るのは昭和二十七年に『鱧の皮』（岩波文庫）が刊行されて以来だそうだ。

■某月某日

「生誕百三十年・没後五十年」と銘打った荷風全集の広告を見た。古書の世界でも永井荷風はいつも人気のある作家だが、しかし荷風全集となると話は別だ。旧版の全集、つまり以前に出た荷風全集の古書価格は全二十九冊が一万円そこそこ（新刊全集二〜三冊分ほど）で、それでも売れない。新しい全集の方が「ふらんす物語」も「すみだ川」もずっと面白くなっているから、というわけではない。荷風全集に限らず、古書の世界で全集の人気は下がりっぱなしだ。モノとしてのオリジナル性がないものは売れなくなっているのだ。

この十年ほど、古書の入札会でもポスターや絵葉書がよく扱われるようになった。最近ではビラ一枚や古いメニューにも人気があって、私は全集は嫌いだけど、だからといって本ではないものに走るのもどうかなと思っていた。しかし、封印を解いたように現れる時代の破片には本当に面白いものがある。

先週の五反田の入札会に「旋律舞踊宣言」というビラが出ていた。大正十五年に開催された「第一回旋律舞踊発表会」の案内で、これを後援しているのが「劇場三科」「マヴォ」、つまり一九二〇年代の最も前衛的なグループだった。

当時の新興芸術を紹介する図録に、長髪で半裸の男たちが不気味なポーズをとっている写真をよく見るが、あれが前衛の舞踊で、なんだか七〇年代のアンダーグラウンド文化によく似ている。いや、七〇年代に「前衛的」と表現されていたものが、その半世紀も前のものに似ていたのだ。

「新しい舞踊運動はブルジョワ階級への挑戦」とするこの発表会は、出演ジナ・ルビンスキー夫人とあるが、いったい何者なのか。演出はレフ・金熈明。彼はどんな朝鮮人アーティストなのか。舞台照明は高見沢直路。彼は後の漫画家田河水泡で、このころは尖端芸術誌『マヴォ』の同人だった。繋がりを想像し、その向こう側に広がる世界を読もうとすれば、そこでの面白さは古書の世界ならではのものだ。

ここでは荷風全集の人気はいまひとつだが、しかし一九二〇年代、荷風が通っていた銀座のカフェ・タイガーのメニューが出てくれれば、きっと全集より高くなるはずだ。

■某月某日

映画『私は猫ストーカー』（鈴木卓爾監督）を見ていたら、主人公の女性がアルバイトをしている小さな古本屋の主人（徳井優）、この人がとても良かった。もういい歳なのに、どこかでまだ古本屋であることにとまどっているような人。古本業者の市場に行くと、そんな人をよく見かけたものだった。

最近、ある出版社から、古本に関する含蓄だとか小ネタを教えていただけないかという依頼があった。古本に関する検定問題を一冊にしようという企画のようで、そういえばこの数年、素敵な古本カフェやギャラリーがいくつも登場して、ちょっとした古本ブームのようでもあった。そんな人気も関係していたのかもしれないが、私はどうお断りしようかと困ってしまった。古本屋の私が見知った「小ネタ」のあれこれなど、それは含蓄というものでなく、いつまでも含羞に思われてならないからだ。

『私は猫ストーカー』の舞台となる古本屋には、とまどいも含羞も、それがどこかに貼り付いているようだった。ちょっと素敵な古本屋とは縁遠いけれど、でも、こんなふうにしていても一日は暮れ、十年は過ぎ、そしていつの間にか消えていく。目を凝らさなければ見過ごしてしまうような古本屋の時間が、ここには映っていた。

ふと思い出したのは『苔とあるく』（田中美穂・二〇〇七年・WAVE）で、著者は倉敷で蟲文庫という小さな古本屋を開いている。これは文字通りの苔の本で、「無いにひとしいほど」小さなものが見えはじめると、実はこんなに気になるものはないという「苔」への想いに溢れている。なるほど人の世でそれは古本屋として結実するらしい。

苔のあれこれが書いてあるのに、彼女の文章を読んでいると、やはり見過ごしてしまいそうな古本屋の時間が見えてくる。そして、この本の最後は、著名な植物学者のこんな言葉で締めくくられる。「進化の主要な道筋からはずれた蘚苔類は、謙遜して独自のあたらしい生活環を作りはじめた」。

そういえば『苔とあるく』のイラストを描いている浅生ハルミンは、映画『私は猫ストーカー』の原作者だ。

■某月某日

青猫書房の古書目録に『大岡頌司《こうじ》全句集』（平成十四年）を見つけた。この俳人の全句集が出ていたのを私は知らなかった。大岡が亡くなったのが、たしかこの頃でなかったか。

大岡頌司は、昭和三十年代にいわゆる前衛俳句の新鋭として登場する。昭和四十年代には端渓社というプライヴェートプレスを興し、多くの前衛句集を送り出した。その造本センスは際立ったものだった。

もう四半世紀以上も昔の事だが、駆け出しの古本屋だった私は大岡頌司の仕事場に行ったことがある。「高柳重信を卒業したい」。高柳は前衛俳句の先駆者だ。初対面の古本屋にそんなことを言ったのは、ただ自分にそう言い聞かせていたのだろう。大岡の説明を受けながら、前衛俳句の稀覯書を私は頒けてもらった。仕事場の窓外には青々とした水田が遠くまで広がっていた。

その仕事場に家庭用のミキサーがあって、これで本文用の和紙を作るのだと教えてくれた。驚く私に、だから同じ本でも一冊ごとに違った出来なんだよと、まるで種明かしのようだった。本を作るのが好きなのだと思った。

大岡頌司は高校時代に寺山修司が出していた俳句雑誌『牧羊神』に参加していた。大岡の作品「野の傷は野で癒ゆ麦の熟れし中」（句集『遠船脚』昭和三十二年）は、寺山の代表歌の一つ「血と麦がわれらの理由工場にて負いたる傷を野に癒しつつ」（歌集『血と麦』昭和三十七年）に写されている。直截に言えば盗まれているのだが、「でも、寺山が作ったものの方がやっぱりいいんだよ」、大岡はそう言って静かに笑った。

大岡にとって書物は作品であったに違いない。和紙を基調とした端渓社本の魅力を知ったのは、やはり青猫書房の古書目録だった。もう三十年近くも昔のことだ。今号の古書目録にこんな一文があった。これほど優れたプライヴェートプレスが、『銀花』のようなメディアに一度として取り上げられなかったのは「奇跡的なめこぼし」だと。俳人大岡頌司も、彼の作品である端渓社の本も、どこか似ている。

■某月某日
古本屋という仕事をしていると、自分が生まれる前のことに大変詳しくなってしまう。私は五十代だけど、図々しいことに二十代の頃がそう昔には思えず、つまり三十年も前に出た本を

「最近の本」と思ってしまう。古本屋だから「最近」のことに興味は持てず、いきおいもっと古い時代、私の場合は昭和初頭のモダニズムの時代に没頭してしまった。当時の文献を蒐集し、その時代に青年期を過ごした人からもいろんな話もうかがった。そのうちこちらの方がすっかり詳しくなってしまい、うっかりすると当時を知る老モダニストに「そうじゃないんですよ」と教えていたりしたものだ。

『ザ・テレビ欄―1954〜1974』（TOブックス）という新刊は、各時代の新聞のテレビ欄を集めた一冊だ。見ていて飽きることがない。一九六一年の土曜六時に「ホームラン教室」という番組名を見つけるや、頭の中に突然主題歌が甦る。「ポンポン大将」という字面に小金治の笑顔が浮かぶ。人の記憶とはどうなっているのかと驚くばかりだ。

私は小学生の頃、夕飯は七時からで、テレビは必ずNHKの七時のニュースにすることとなっていた。これが親の厳格な方針で、自分はそうやって育ったのだとつれあいにもよく話したものだった。

ところが、この本を見ていると小学校高学年で私が欠かさず見ていた「忍者部隊月光」「鉄人28号」「宇宙少年ソラン」「スパイキャッチャーJ3」「ハリスの旋風《かぜ》」（みな主題歌が甦る）はいずれも七時からの放送なのだ（私はみな六時からだと思っていた）。これに土日だけは特別だったと思っていた「鉄腕アトム」と「アップダウンクイズ」を加えると、つまり私は毎晩テレビに夢中になりながら、気もそぞろに夕飯を食べていたことになる。こう言っては何だが、私の知らない私に驚いてしまった。これは自戒を込めてしみじみ思うことだが、こういうことって、その頃はまだ生まれてもないような若い古本屋から「忍者部隊月光は金曜の七時ですよ」なんて教えられたくないものだ。私は老モダニストたちに不遜であったのか。恥多い人生である。

■某月某日

ここのところ二十代、三十代の若い古本屋さんが増えている。そんな一軒から届いた古書目録の「当店の蒐集分野」に「宮武外骨、酒井潔、梅原北明」という近代の畸人たちに並んで「赤軍、過激派」とあった。なるほど、赤軍派は近代日本変わり者の系譜に収まるのであった。

調べごとがあって東京古書組合の機関誌『古書月報』のバックナンバーを読んでいたら昭和三十一年の一冊に「古本屋弾圧事件の思い出」(中村春雄)という一文があった。そんな事件を私は初めて知った。

昭和十七年のことだ。その頃、厳しい統制の中で発売禁止の古本の枠はどんどん拡がっていたが、それでも古本屋にはそうした本が集まってきたらしい。というのは、出征する若者が蔵書を整理するときに、発禁の思想書や哲学書の処分も古本屋に任せたからだった。そうやって引き取った本は信頼できる常連客にそっと売ったり、やはり客から頼まれている同業に回すこともあったという。裏側ではわりと活発に流通していたというのが意外だった。

夏のある日、中村に言わせると無類の善人である郊外の古本屋が摘発された。同業から回してもらった発禁書を、まさかこんなところにまで特高は来ないだろうと棚に並べて売っていたというのだ。中村はその無神経さを嘆くが、この店の自供で十名ほどの古本屋が次々と検挙された。中村も連行され、誰から買った、誰に売ったと、竹刀で滅茶苦茶になぐられる。一緒に逮捕された「中野の川名」と中村の二人が起訴され禁固刑となった。川名は、最後まで客の名前を口にしなかったため、拷問も一層厳しいものだった。半生半死の状態で出所して、しばらくして亡くなったという。事実上の虐殺だ。

どういう巡り合わせか、若い古本屋から届いた古書目録に昭和十八年の古書組合員名簿が出ていた。五千二百五十円、私はこれを注文した。ずっと以前に消えてしまった店が、ここには出ていた。中村は春興堂という屋号で神保町の靖国通り沿い、つまり神田古書店街の一等地にあったようだ。川名は中野区上ノ原の川名書店とあった。東中野の駅からほど近いところだ。この名簿は昭和十八年七月末現在とある。有罪禁固刑になった二人を古書組合は除名にしていなかった。

■某月某日

古書の入札会に行くと「森繁久弥の自筆原稿40枚」が出品されていた。ニュースになると関連したものはすぐに出てくる。このときも、どうということなく原稿を手にしたら、なんだか引き込まれるように読み始めてしまった。

特別に面白いというのではないが、筆跡にとても勢いがあるのだ。話の中身より、語り口に引き込まれる、というのに似ているかもしれない。まるで喋るように書いている筆跡には明らかに才気を感じさせた。これはオリジナルでしか伝わってこないものだ。たちまち欲しくなってしまった。

と言っても、森繁の原稿の相場は分からない。思い切って入札をしたが、ベテランの映画文献の専門店にあっけなく負けてしまった。

ところが、戻ってからインターネット「日本の古本屋」で検索をすると森繁の原稿は一つもない。三百万件ほども載っている中に一つもないのだから、そうか、あれは得難い逸品であったのだ。私の中に、にわか森繁ブームが起きてしまった。

出身の旧制北野中学（現北野高校）を調べると先輩に梶井基次郎がいて、同期卒業には野間宏がいる。へぇーと思いながら見ていると七十五期卒業生には、福知山線脱線事故のときのＪＲ西日本の恒内剛元社長と連合赤軍の森恒夫の名前が並んでいる。同窓はまことに濃い。

森繁は、知られるように満州でアナウンサーをしていた。満映のナレーションも手がけたようで、甘粕正彦との交流もあったという。

森繁の原稿が買えなかった日、同じ入札会で私は『日本語』（昭和十六年・日本語文化協会）という雑誌を手に入れた。この時期の文献に「国語」ではなく「日本語」とあるのは、大東亜共栄圏建設のための言葉、つまり「日本語」を普及させる教育的な意味合いをもつ。この雑誌もそうした趣旨で出されていて、編集兼発行人は福田恆存だった。ふと福田の生年を調べてみると、森繁とは一つしか違わない。なるほど同世代だったのか。

森繁―甘粕正彦―福田恆存―大東亜共栄圏―野間宏―連合赤軍。買えなかった原稿の向こう側に「昭和」が拡がる。と、また一つ妄想を抱えながら年が暮れる。

III——驚くような額を入札し、それでも買えない（二〇一〇〜二〇一三）

古本の時間

一月三十日(土)

午前七時過ぎの新幹線で京都へ向かう。車窓はずっと冬晴れが続いていた。

京都の入札会に明治時代の雑誌がまとまって出品される。こうやって、古い本のある場所にはとりあえず出かけていくのが仕事だが、あれもこれも落札できるわけではない。それでも見ておくことが大切なのだと、駆け出しの頃にそう教えられた。

この日は、『鳳雛《ほうすう》』(明治二十五年)があった。まだ無名だった頃の与謝野鉄幹が出した一号きりの雑誌で、それでも古書の世界では伝説的な稀本だ。かつて『透谷全集』の編者をしていた勝本清一郎は、ここに北村透谷の寄稿があることを知り、二十五年もかけてこの一冊を探し出した。古い本の世界にはそんな逸話がいくつもある。

勝本の念願が叶ったのは昭和三十五年、もう六十一歳になっていた。ということは、三十六歳から探し始めて、還暦を過ぎてようやくこの一冊を手にしたことになる。

入札会の会場で現物を手にすると、思っていたより小さなものだった。昭和四十五年に開かれた古書展の目録にこれが載っていて(もちろん私はずっと後で資料として見たのだが)、売価は九十万、大きな写真で紹介されていた。その印象ばかりがあって、勝手に大きくて立派な作りと思い込んでいたのだ。

北村透谷の寄稿を探すと、それは本当に短いもので三百字ほどしかない。勝本はここにたどり着いたのだった。

今では、明治文学がかつてのように騒がれることもない。『鳳雛』が出るといってももう話題にもならないが、風花のような冊子を二十五年も追い続けた人の執念だけは覚えておこうと思う。

一月三十一日（日）

西荻ブックマークという、毎月一回、ゲストが本について話をするイベントがあって、今日は『彷書月刊』編集長の田村さんとイラストレーターの浅生ハルミンさんが対談をする。井草八幡をぬけ西荻窪の坂道を自転車で登っていると、午後三時を過ぎたばかりだというのにもう陽は傾いている。『彷書月刊』は古本屋がはじめた本の雑誌で、この立ち上げには私も加わっていた。一九八五年のことだ。

中心になったのは、若月さんという同業の先輩で近現代史を専門に扱っていた。あの頃、大逆事件で刑死した管野須賀子の全集をある出版社が採算を理由に見送った。それを、なんと情けないことかと嘆いた彼が、ならば自分たちで小さな出版社を立ち上げようと言いだしたのだった。会社の社是は「各自生活手段は別途確保しておくこと」というもので、そのせいかなかなか潰れもしないかわりに、ぜんぜん儲からないのだった。

管野の全集も、もちろん赤字だった。そうした赤字をカバーするはずだった月刊誌（『彷書月刊』）も、そこに途方もない労力を上乗せするだけだった。それでも彼は、稼ぐのは幸せではない、稼いだ金の遣い場所を持っていることが幸せなのだと言うのだった。こんな思いつきの言葉にもタイミングというのがあるのだろう。私は本業の古本屋でろくな稼ぎもなかったけれど、でも幸せとはそういうものかと思ってしまった。

あの頃のメンバーはもう残っていないが、ただ一人田村さんは、なないろ文庫ふしぎ堂という売れない古本屋をやりながら、『彷書月刊』の編集長を続けてきた。思えば、わけもなく辛抱強い人なのだ。

ところで、書物雑誌というカテゴリーは今ではもうなくなってしまったが、大正末年から昭和十年代にかけて、つまり一九三〇年前後には、六十種類ほどが創刊されている。『書物展望』『愛書趣味』『書物往来』等々、そんな雑誌の周辺には本好き、古本好きが集まり、賑わいがまた新しい繋がりを作っていた。

『鳳雛』を二十五年間探し続けた勝本清一郎も、あの時代の尖鋭的な文芸評論家として活躍しながら、一方でこの豊饒な書物文化をくぐり抜けた一人だった。

二十五年といえば、『彷書月刊』にも同じ時間が過ぎた。わけもなく辛抱強い編集長が病気を患い、雑誌は今年（二〇一〇年）の秋で休刊することになった。

この日の対談相手の浅生さんは、以前になないろ文庫ふしぎ堂でアルバイトをしていたことがある。

「売れそうもない本ばかりがあって面白かった」という彼女の言葉にはけれんみがない。なるほど、売れそうもない本や雑誌を懸命に作る人もいれば、何十年かの後にそれを並べて売っている人がいる。そして、どこかでずっと探している人もいる。

古本の周りを流れる時間は、なんだかひどくゆっくりしていて、それも幸せのうちなのだろうか。

四十一年前の投稿欄——詩人　帷子耀

古書の入札会が一段落した頃、「かたびらあきは買ったの?」と、川口さんから声をかけられた。川口さんは同業(古本屋)の先輩で、歳は私より六つか七つ上だから、もう還暦を超えている。「かたびらあき」。その聞き慣れない言葉が、私には本の名前なのか人の名前なのかもわからなかった。「かたびらって、なんですか」と訊ねると、横にいた、やはり団塊世代の野崎さんが「あなたの歳だともう知らないんだ」と少し驚くように話に入ってきた。もちろん、何か知識を競い合うような嫌らしい感じではない。

一九六九年、『現代詩手帖』の投稿欄に彗星のように現れ、数年で姿を消した天才少年詩人だという。「経帷子のカタビラ」といわれ(すぐにはわからなかったけれど)、帷子耀だと教えられた。

前の週の入札会に帷子耀の自筆の詩原稿が出品されていた。私もそこにいたのだが、全く記憶にない。古本屋という仕事は、自分の知らないものを「これは何だろう」と思うことからはじまるものだが、知っている領分がいくらか拡がってくると、その外側にだんだん無頓着になる。と、そんな不安がとっさに浮かんだ。

私は詩歌書を専門に扱う古本屋をやっていて、しかも「忘れられた詩人」（マイナーポエット）は得意とするところだ。「帷子耀の自筆原稿で興奮するのはあなたぐらいだと思った」と二人に言われて、情けないのと、でも狐につままれたような気持ちになった。三十年も門前で小僧をしていれば、「伝説の少年詩人」の名前を見聞きする機会はいくらでもあったように思ったからだ。

『現代詩手帖』の七〇年一月号を、私は自分の店の倉庫で見つけた。そこに第十回現代詩手帖賞の受賞者として帷子耀が載っている。「15才。甲府第一高校」とあった。

帷子が颯爽と登場した七〇年、川口さんは薔薇十字社（これも伝説的な出版社だが）の編集部にいた。野崎さんはライターの卵だった。毎号、投稿欄に載る少年の名前を二人は印象深く記憶していた。

この号には彼の作品が載っている。「ふる卵のへりで遊べない朝までは」というその詩は、八頁にわたって一つの句読点も改行もない異様なものだ。

受賞の審査は寺山修司、鈴木志郎康、渋沢孝輔の三人で、鈴木は彼の詩にことさらに否定的だ。渋沢は「推す気はしない」と消極的、寺山だけが終始彼を擁護している。結局、「鈴木志郎康は反対」という註を附すことで帷子の受賞が決まった。

私は、六九年の投稿欄が見たくて駒場の文学館に出かけた。「今月の新人作品」として帷子はほぼ毎号選ばれていた。だが、選ばれているにもかかわらず、詩人による各号の選評（毎月違った詩人が担当している）は、ほとんどが帷子に対して否定的であったり、皮肉たっぷりか、無視なのだ。

帷子の作品は、毎回異なった形式がとられていた。どれも精微に組み立てられ、言葉は乾いている。「情念の詩」という七〇年代に流行った言葉からは遠い。二〇年代の北園克衛がそうであったように、帷子の作品も時代の内側では挑発的だったのだろうか。

読者は、本編にではなく、オマケのような投稿欄に挑発的な少年の登場を見た。既存の詩人たちの多くが「言葉のコレクターが自分のコレクションを見せてるだけだ」とか「ムキになって書かれたものを読みたいのだ」「長くは続かない」「言葉の一人遊び」などと毎回顔をしかめる。それでも、少年は遠慮する気配もない。

雑誌がそれを仕掛けたにしても、読者は、むしろオマケの側に、時代のシンボリックなものを感じとっていたにちがいない。「詩に興味はなかった」という野崎さんが、でも「毎号投稿欄だけを立ち読みしていた」というのが、私にもわかるような気がした。

あの頃は、一年がまるで十年のようだ。帷子耀は二十歳を前に姿を消してしまう。「忘れられた詩人」というのは適当ではないかもしれない。詩壇は、端から彼を記憶しようとしなかったようだし、詩壇の外側でこれをリアルタイムに目撃した読者は今も記憶の底に留めている。

『日本のマラーノ文学』（四方田犬彦・二〇〇七年）には、おそらく唯一の「帷子耀」に関する論考が収録されている。その中で著者は現在の帷子耀の消息をたどり会いに行く。少年詩人は五十代となり、地方都市で経営者になっていた。だが、話す言葉はやはり乾いていて、自分の書いたものは何一つ手許に残していないというのが、この人の有りようを象徴しているようだった。

ところで、古書の入札会に出た帷子耀の自筆原稿のことだ。ウエットな上に諦めの悪い私は、原稿の行き先を追っていた。すると、これがネットオークションに出てきた。自筆詩稿が一篇で二千円のスタートだったが、私は五万円までの入札をした。相場というのではない。意地だ。終了間近まで入札者は私一人でずっと二千円のままだった。そんなものかと思っていたら、終了直前にもう一人の入札者が現れ、一万円、二万円、二万五千円とどんどん数字が上がっていく。五万を超えたら、逆にそれを追いかけようかと戸惑っているうちに四万八千円でぴたりと止まった。数分経って「終了」の表示が出て私に落札となった。その画面を、私は狐につままれたような気持ちでながめていた。

ドン・ザッキーの背中──『ある「詩人古本屋」伝』(青木正美著)

私が小さな古本屋をはじめたのは一九八〇年。二十五歳の夏だった。

七〇年代という熱かった季節が過ぎて、就職をしなかったり、できなかった連中が、古本屋の世界にもずいぶん入ってきた。私も大学を放り出されてここにやって来た一人だった。

ふと思い出して、その頃(昭和五十七年版)の「東京古書組合」の名簿を開いてみると、文京区に「高松堂書店　都崎友雄」の名前がある。一九二〇年代のアヴァンギャルドと肩を並べていたなんて、あの頃は思いもよらないことだった。

いわゆる「大正アヴァンギャルド」たちの活動は、一九二〇年代を席巻したようにみえるが、実際は驚くほど短命なものだ。ドン・ザッキーこと都崎友雄が弾けるように活躍したのもその「短命」な一時期だった。

伝説的な前衛芸術誌『マヴォ』が一九二四(大正十三)年に創刊される。彼らの疾走は、そこからせいぜい四年ほどのことだ。しかし、その新しさは今から見ても突出している。叩きつけるような作品群、常軌を逸したパフォーマンス。それは正しい芸術論や文学論を求めたものではない。それこそ街頭を吹きぬけた不穏な風そのものだった。破天荒で暴力的なエネルギーは、アナキズムだとかシュルレアリスムだとか、都合のいい枠組みで説明されることを端から拒んでいた。

ところが、一九三〇年代、つまり昭和に入ると、混沌としたエネルギーは整然とした新しさに整理される。すると、疾走してきたアヴァンギャルドたちの多くは、まるで街頭の風が凪いだようにどこかへ消えてしまった。ドン・ザッキーもその一人だった。

『マヴォ』の復刻版（一九九一年）には、著作権継承者のわからない作家名が列記されている。岡田龍夫、渋谷修、澤青鳥、田中啓介、牧寿雄……。いずれも一九二〇年代のアヴァンギャルド芸術運動のレギュラーメンバーたちだ。熱かった季節を駆けぬけた彼らの多くが、いったい何者で、どこへ行ってしまったのかがわからないのだ。

由良君美の『みみずく偏書記』（一九八三年）にこんな一節がある。

「高校時代、私はある古書店に毎日のように入りびたり、店主の話に耳を傾け、勝手に店頭の書物を耽読し、安く売ってもらったりした。店主はアナーキストの詩人で相当の語学力と思想や文芸の知識を持っていた（中略）想えば、学校に数倍する知識を、あの店頭でさずかっていたのだ」（『古書の買い方』）。

これを指してのことだろう。『先生とわたし』（四方田犬彦・二〇〇七年）では、「戦時下のどこかの時点で、由良君美は都崎友雄に出会っているはずである」として、この古書店をかつてのドン・ザッキーが経営する高松堂書店ではなかったかと推測する。

もちろん、こうした推測の背景には、青木正美による綿密な調査があったにちがいない。たしかに「ある時代を駆けぬけて、どこかへ消えてしまった」という言い方は美しい。しかし人が本当に消えるわけではない。一九二〇年代のアヴァンギャルドたちも、文学とか美術という枠組みの中に残らなかっただけで、その後の長い時間をそれぞれの現場で生きた。由良君美の回想がシンボリックに伝えているように、そんな彼らはもうすれ違うようにしか姿をみせない。

青木正美も、すれ違うように一人の年老いた古本屋と出会った。そして、いくつかの偶然に導かれるように、その老人がかつてのドン・ザッキーであったことを知る。

先にも書いたが、一九二〇年代を駆けたアヴァンギャルドの多くは行方不明のままだ。尖端へ駆け上がろうとした彼らの姿は資料が整備され、しだいに明らかになってきた。しかし、その尖端からどこへ帰っていったのか、その道筋を記録したものはない。この本はそうした姿を初めて映し出した。

それにしても、古本屋という場所にはいろいろな人がたどり着くものだ。

私はこの本の中で、とても印象深い場面がある。一九八七年に東京古書会館で都崎友雄を最後に目撃した同業の談話だ。

「こうやって明治古典会を覗くようにして、もう知っている人もいないなあ、って言って、大きな体を引きずるようにして帰って行きました」

まるで都崎友雄のラストシーンだ。明治古典会というのは毎週金曜に開催される近代文学書の入札会で、私は三十年間休んだことがない。つまり、都崎が最後に眺めた「もう知っている人がいない」その視界の中に、私はいたのだ。

大きな体を引きずるようにして帰っていく老人の背中を、私は見たのだろうか。

『彷書月刊』のこと

1

『彷書月刊』の「特集日本のシュルレアリスム」は一九八六年の九月号で、この号は私の担当だった。ジョン・ソルトさんにも原稿をお願いした。日本で活字になったのはこれが最初のものかもしれない。

ソルトさんは北園克衛の研究で来日していた。大学には籍を置かず、一九三〇年代の前衛詩人たち、直截にいえば無名な老詩人たちを訪ね歩いていた。彼らの話を聞いている方が大学にいるよりよほど面白いのだそうだ。あの頃、ソルトさんは井荻に住んでいて、石神井公園の私の店までは自転車でも十五分ほどだった。

私の店は北園克衛の古書を多く扱っていたけれど、それは古書の市場でモダニズム系は人気がなくて、駆け出しの古本屋でも蒐めることができたからだ。

といっても、郊外の住宅街で、それでなくても人気のない詩集を並べていれば、食うや食わずの日々が続くばかりだった。

ブログもツイッターも検索も、何もなかったから、ここではない遠くのお客さんと繋がろうとすれば、紙の古書目録を作るしかなかった。今のネット環境を思えば頼りないかもしれないが、でも昼下がりのように緩やかな時間の中で、少しずつ古本屋になっていくのは悪いことではなかった。『彷書月刊』もそんな中にあった。

古書目録を作っても送り先がない。先輩の業者から、『日本古書通信』の巻末に古書目録を載せて、注文をくれた客を自店の名簿に加えていくのだと教えられた。ところが、『日本古書通信』の古書目録は半年先まで満席だった。近現代史古書を専門にしていた自游書院の若月さんが『彷書月刊』の発行を思いついた。なるほど「必要は発明の母」だったのかもしれない（四半世紀が過ぎれば「身から出た錆」という言葉も思い浮かぶのだが）。

「特集　日本のシュルレアリスム」では諏訪優さんが「北園克衛のブックデザイン」を書いている。北園で何か書いて下さいと、無理なお願いをしたに違いない。

諏訪さんは、田端にあった六畳一間の学生下宿に住んでいた。壁の全面を黒い布で覆っていて、そこにギンスバーク（だったたか）のポスターが貼ってある。まるでジャズ喫茶のようだった。

本宅は練馬だったたが、その頃は一人暮らしだった。ちょっとしたお金が必要になると（たとえば展覧会の案内状の送料とか）、「少し本を見てよ」と呼び出されるのだが、評価も何もない。その「送料」を申し上げるしかないのだ。

学生時代、仲のいい友人が田端に住んでいて、私には馴染みのある街だった。諏訪さんは水割りを飲みながら「ウチボリ君のお店、やっていけそう?」と優しい笑顔で心配してくれる。私の答えはいつも同じだ。「スワさん、人のこと心配してる場合じゃありません」。

帰り際になって、「そうだ、これをあげようと思っていたんだ」と、自分で綴じた自筆の一篇詩集とか、絵と俳句を書いたポストカードとかを持たせてくれる。ああいうのが諏訪さんのダンディズムだった。

何年かして、諏訪さんは谷中のマンションに引っ越した。今度は二人暮らしだった。大きな窓があって、ずっと下に何本も線路が見えた。ここを終の棲家にして、諏訪さんは一九九二年に亡くなった。

ここのところ、『彷書月刊』編集長の田村さんが根津の病院に入院したり、千駄木の古書ほうろうさんに出かけるようになって、谷根千《やねせん》界隈がようやく親しいものになった。

それでも、諏訪さんのマンションがどの辺りだったか、もう見当がつかない。

2

寺山修司が亡くなった年だから一九八三年のことだ。私は小さな古本屋をはじめて三年が経っていた。

店に歌集を蒐めた棚があって、それを眺めていたお客さんが「好きな歌人はいるの」と私に訊ねた。「寺山修司と岸上大作」と答えると、その人は少し驚いたように「僕は学生の頃、岸上大作と一緒に短歌雑誌をやっていたんだ」と言うので、もちろん驚いたのは私の方だった。それが田島邦彦さんだった。

一九六〇年、田島さんは中大の短歌会にいて、国学院の岸上と一緒に『具象』という同人雑誌を出していた。

田島さんはもう四十代だった。私はまだ二十代だったから、岸上大作が生きていれば、こんな（というのはもう学生の面影のない）大人になっていたのかと思ったものだ。

私の店にはこれといった本もなかったので、田島さんはずいぶん気にかけてくれた。知人の編集者の家に溢れるほど本があるから、売ってもらえばいいよと、日曜の朝、石神井から川崎の先まで車を出してくれたことがある。ところが、訪ねてみると、先方はなんだかとまどっていて、休日の午後、久しぶりに現れた歌壇の先輩に気遣いながら、でもこんな若僧の古本屋に本を売るつもりはないと言い出しかねているようだった。そんなビミョーな空気の中で、居場所もなく、それとなく聞いていた二人の会話に山崎方代の話があったのを、私ははじめて聞く名前だったけれど、なんて面白い歌人がいるのかとかと思ったものだ。

『彷書月刊』の創刊は一九八五年の十月で、その年の十二月（三号）に「特集六十年短歌」を組んだ。本文と表紙がまだ共紙（つまり本文紙をそのまま表紙にしていて）、四六頁の小冊子だった。それでも沢口芙美さん（岸上大作が失恋した相手）や、雁書館の冨士田元彦さん、福島泰樹さん、道浦母都子さんが書いて下さっているのは、依頼状に「田島さんからご紹介いただきました」と添えたからにちがいない。

私は同世代の原稿がほしくて、第一歌集『わたしは可愛い三月兎』を出したばかりの仙波龍英さんと、作詞家の康珍化さん（「桃色吐息」が流行っていた）に長い手紙を書いた。二人とも七〇年代の優れた学生歌人だった。

康さんからは、いまは書けないという丁寧な返事をいただき、仙波さんとは三省堂の二階の喫茶店で会うことになった。とてもシャイな人だったけれど、僕は、たとえば歌をやってますと言ったときに、それは佳いご趣味ですねと返されたら、静かに笑って応えたい、そう言ったのが印象的だった。この小さな特集への批評でもあったし、私は同世代としてそのたしかさに共感したものだった。

何年かが経って田島さんは石神井を離れた。「娘も岸上が死んだ歳をとっくに越えたよ」というのを聞いて、なんだか不思議な気がしたものだ。

仙波さんは二〇〇〇年に亡くなった。アル中の末の栄養失調だった。静かな笑みの向こう側の壮絶さを思った。

夕照はしづかに展くこの谷のＰＡＲＣＯ三基を墓碑となすまで（仙波龍英）

二十五年もたつというのに、この歌は少しも懐かしくならない。

3

総目次を見ると、『彷書月刊』で寺山修司特集を出したのは一九八七年の五月とある。寺山修司の没後四年、この雑誌の創刊からはまだ二年がたっていない。

創刊の頃、書店を廻ったことがある。この雑誌を置いて下さいと、ようするに営業に歩いたのだが、裏から入る書店は本当に冷たかった。高校時代から大好きだった高田馬場の書店では、仕入れ担当というのだろうか、その人が机に座ったままこちらに顔を向けることもなく「何？」と言ったきりだった。こちらが話をしても一度も顔も向けず何か仕事をしていて言葉もない。途中で大手の営業（なのだろう）の人が来ると私たちを無視してそのままどこかへ行ってしまった。一緒にいた自游書院の若月さんが「こんなことをしらふでやってられません」と、ガードの脇の立ち飲み屋で冷酒をグビッと飲み干すと「そもそも、こういうことがしたくなくて古本屋になったんです。もう営業はしません」と宣言をした。

寺山の特集には、小さな雑誌なのに本当にたくさんの人が書いて下さった。一人一頁で二十人。中井英夫さん、母堂のはつさん、長部日出雄さん、宇野亜喜良さん、東陽一さん、道浦母都子さん、萩原朔美さん、かつての的場書房（『空には本』の版元）の北川幸比古さんの所在がわかって書いて下さったのも嬉しかった。

この号の巻末の古書目録に私の店は寺山の著作ばかりを載せた。すると四国のお客さんから注文がきた。ほぼ全部が欲しいという。同じ葉書が翌日も届いた。その次の日も。そのまた次の日も。

「注文が重複した場合は抽選です」と書いてあったので、葉書をたくさん出せば当選の確率が高くなると思ったのだそうだ。

彼は四国の山の中で私塾を開いていた。生まれつきの難病で、医者から二十歳を越すのは難しいと言われていた。ところが、十代で寺山の著作に出会う。それまでと世界が変わり、三十を過ぎた今も元気だというのだった。私塾では、寺山の『家出のすすめ』を何冊も置いて、これを読んで本当に家出をする子がいないかを実験していると笑っていたが、それは彼が自由に外に出られない身体であることを映していた。そんな彼が、三沢の寺山修司忌に出かけたことは、地元新聞の記事にもなり、私は送ってもらったコピーで彼の姿を見た。

二〇〇〇年の暮れに、私は通信社の依頼で古本についての短いエッセイを書いた。一週間の連載で主に地方の新聞に配信される。その中の一回で彼のことを書いた。もう音信もなくなっていたが、四国の山の中で彼はまだ子供たちに『家出のすすめ』を読ませているのだろうか。その町の新聞にこれが載ることを願った。

一カ月ほどして、「涙が出るほど懐かしい」と、相変わらず寺山のような筆跡で書かれた彼からの手紙が届いた。

あれからまた十年が過ぎた。元気だろうか。元気ならもう還暦も近いはずだ。いつも思うけれど、古本の上を流れる時間はひどく暢気で、この世のものとも思えない。

伊藤さん、『彷書月刊』が終わります。

追悼・田村治芳（『彷書月刊』編集長・なないろ文庫ふしぎ堂店主）

葬式のときの写真なのに、これを見ていると顔がほころんでしまう。背中までとどく長髪だったかと思うと、急にこんな坊主頭にしたものだった。

田村さんは、なないろ文庫ふしぎ堂という売れない古本屋を続けながら、『彷書月刊』という、これも輪をかけて売れないリトルマガジンの編集長を二十五年も務めた。そしてこの一月、六十歳で逝ってしまった。

七〇年代が終わろうという頃、古本屋の世界にも新しい人たちがたくさん入ってきた。まさにニューウエーブで、小さくても個性的な古本屋がいくつも現れた。「なないろ文庫」もその一つだった。

世襲とか暖簾分けという旧弊な世界の外側で、個人が好きなように本屋を作る。古本屋がそんな風通しのいい場所に変わりはじめたのはこの頃からだ。「なないろ文庫」というやわらかな屋号は、それによく似合っていた。

だが、そうした小さな古本屋も、二十年、三十年が過ぎると、そこそこの専門古書店となり、分厚い古書目録も作るようになる。私もそうだった。

それでも、この人は昔のままだった。書物の知識は驚くほど豊富だったけれど、半端なもの、役に立たないものを偏愛し、雑本の面白さにこだわった。古本屋として出来上がっていくのをどこかで拒んでいたようだった。商売下手というのを、何か体裁のいい言葉に置き換えているのではない。

取り残されたような場所で、そんなところにいても儲からないよといわれても、オレはここが好きなんだと笑っている。ポーズではない。本当に好きなことしかできない、そのどうしようもなさだった。

『彷書月刊』も、田村さんが保ったそんな場所の一つだった。

去年の暮れ、『彷書月刊』の終わりの会で、坪内祐三さんが「私は『彷書月刊』育ちの物書きだ」と話した。坪内さんは、まだ一冊の著作もなかった頃から、この小さな雑誌で連載をしていた。それを聞いていたら、私は自分が古本屋をはじめた頃を思い出した。何もなかったけれど、でも底抜けに自由な風が吹いていた。それが楽しくてならなかった。

田村さんが食道癌を患ったのは二年ほど前で、その闘病の果てに「なないろ文庫」も『彷書月刊』も幕を降ろした。いや、そんな日だまりのような場所がなくなると、彼も一緒に消えてしまったのだ。

たいていの古本屋は田村さんより商売が上手だ。でも、彼ほど古本屋らしい人はいなかった。

石田千さんが弔辞のなかで「田村さん、こちらを振り返ってください、皆が喜びます」、そう呼びかけた。坊主頭の笑顔が、いっそう幸せそうに見えた。

書物の鬼

『彷書月刊』が去年（二〇一〇年）の十月に三〇〇号で終刊した。編集長の田村治芳さんが半ば意地のように支えてきたリトルマガジンだった。その田村さんも、年が明けた正月に亡くなった。

創刊は一九八五年のやはり十月だった。田村さんの他に自游書院の若月隆一さん、寒村会の堀切利高さん、大逆事件の真実を明らかにする会の山泉進さん、そして私も立ち上げに加わった。

猿楽町に借りた小さな事務所で、私たちは昼に夜に顔を合わせた。小冊子のようなものでも、雑誌を作るのはこんなに時間がかかるものかと驚いたものだ。でも、気がつけば古本の雑談ばかりをしていたから、不慣れだけがその理由でもなかったのだろう。

昭和初頭に書物雑誌ブームが起きたことがある。そのほとんどが古書に関わるもので、書物の周辺はいまよりずっと豊かなものだった。小さな事務所での四苦八苦も、その豊穣に遠く通じていたかもしれない。

堀切さんの友達に福田久賀男さんがいて、事務所にもよく顔を出された。べらんめー調でいかにも江戸っ子という威勢のいい人だった。二人は同世代だから、その頃で還暦だったはずだが、こと古本になると、驚くほど大人げない。そんな歳をして絶交するのも初めて見たが、三十代の私たちがそれをなだめたものだった。

福田さんは、東京の古書会館で開かれる古書展には皆勤だった。早稲田、神田、中央線の古書店も足繁く回っていて、週末の古書展には、本人の言葉によれば「風の日も、雨の日も」朝一番の行列に必ず並ぶ。

「古書展に来ると、これまで見たことのない雑誌が一つや二つは必ずあるんだよな」

これだけ古本を見ていてもそんなふうに言うのだから、駆け出しの私は驚くばかりだった。あの頃は、古本の周りにこんな書物の鬼のような人がいたものだ。

『彷書月刊』が出ていた二十五年の間に、情報技術は大きく変化した。

私のところでは今も古書目録を発行しているが、新規のお客さんに目録をお送りすると「必要な本はネットで探しますから不要です」といわれることがある。たしかに、分厚い目録を見ていくのは手間に違いない。本を探すのに、古本屋を歩いたり古書展に通うのは、おそろしく無駄な方法に見えるのだろう。ネットで検索すれば、「どこの図書館に所蔵」「どこの古本屋に在庫」とピンポイントで目標にたどり着ける。なんと便利かと思うばかりだが、しかし、不便も無駄も通り抜けていない知識には味気がない。

福田久賀男さんの遺著となった『探書五十年』（不二出版・一九九九年）は、どこから読んでも飽きることがない。私は福田さんが専門にしていた大正文学研究のことはよくわからないけれど、でも、雨の日も風の日も、古本屋を歩き、古書展に並んで、この人が出会おうとした本や、思いがけず出会った本の話が面白くてならない。無駄をいとおしむその豊かさが、そのまま人柄となっていた。

もう二〇年も昔だが、『彷書月刊』で「早稲田古本屋界隈」の特集を組んだことがある。私は文献堂書店のことを書いた。ごった返す古書展の会場で、福田さんがわっさわっさ人をかきわけやってきて、私の肩をポンと叩くと「なかなか読ませるよ」、そう言ってくれた。本当に嬉しかった。

『探書五十年』の初出一覧には、『彷書月刊』の名前がいくつもある。

昨年（二〇一〇年）の十二月、神保町で『彷書月刊』の終わりの会を開いた。この雑誌に関わりのあった人たちが七十人ほど集まった。久しぶりの堀切さんは車椅子で、入院中の編集長の田村さんは病院から駆けつけた。創刊の頃のスタッフだった高川ナギサさんや、秋山令子さんの顔もあった。二十五年前の賑わいが再現されたようだった。福田さんも、あの会場のどこかに、きっといたにちがいない。

冬の音

古くからの友人が根津の病院に入院したのは、二〇〇八年の冬がはじまろうという頃だった。病室ではいつも他愛もない話をした。それから千駄木まで歩いて、たまにしか来ない池袋行きのバスを待った。肝腎な話はいつだってできない。

バスは団子坂をのぼって街の中を縫うように走った。車窓に商店やコンビニの明かりが通り過ぎ、ずいぶん経って池袋の駅前に着く。バスを降りてパルコのネオンを見ると、まるで異界から戻ってきたようだった。

古書展で買った『放送随筆　お休みの前に』（昭和二十八年）という本を見せると、すぐに「これは二集までしか出てないんだ」と言った。彼も古本屋で（いや、だからか）、どうでもいいことを本当によく知っていた。

昭和二十年代の後半、夜の遅い時間のラジオで、五分ほどの朗読番組があった。この本はそこで読まれた随筆をまとめたものだ。カバーの絵は石黒敬七が描いている。古書価は千円。外村繁や高浜虚子と文学者の名前もあるが、中村芝鶴とか菊田一夫、鏑木清方など書き手は多彩だ。六十年も昔の番組だから、もちろん私は知らない。でも、そんなことも私たち古本屋はついこの前のように話す。「読むとけっこう面白いんだよ」と、頁をくりながら彼が言った。それもいつもの口癖だった。

この番組が終わるとその日の放送は終了になる。十一時半は真夜中だった。

岩佐東一郎の「猫と時雨」は冬がはじまろうという頃の一篇だ。夜更けに一人起きていると、さらさらと寂しい音がする。雨なのかと思って窓をあけると落葉が風に散っていた。この音がしなくなると本当の冬がくる。

こんな朗読を聴いて一日が終わる。途方もなく懐かしいような、いや、異界のことのようだ。

そういえば宮城道雄の「冬の夜」には「(寝床に横になっていると)思いがけなくシュウマイ屋の笛の音が、冬の夜をぬうようにきこえて来た」とある。温かそうな響きだったのだろうか。彼に尋ねておけばよかった。

年末年始古本市場日記（二〇一二～二〇一三）

十二月二十一日（金）

市場に、寺山修司の自筆草稿「忘れた領分」が出ている。学生時代の寺山が、入院中に書き上げたこれが最初の戯曲だ。こんなものが出てくるものかと息をのむ。ありとあらゆる気合いと気力を集めて入札する。

十二月二十六日（水）

国会図書館で『櫂詩劇作品集』（的場書房・昭和三十二年）を見る。「忘れた領分」はここに収録された。的場書房は昭和三十年代初頭のリトルプレスで、その主だった北川幸比古が『彷書月刊』に当時の回想を載せたことがある（こうしてみると『彷書月刊』は貴重だ）。そこに「寺山修司ほど率直に収入と名声をほしがってみせた人」はいないとあったが、なるほどこの原稿の丁寧な筆致には懸命な寺山がいる。と、しみじみ思うのも親の欲目である。

夜、神保町の八羽で元晶文社の中川六平さん、月の輪書林の高橋君、新鋭赤いドリルの那須君と「赤い忘年会」。半月ほど前、市場に七〇年前後の全共闘、各党派のビラがダンボール四箱で出品された。ドリルがこれにびっくりするような額を入札して、それでも買えなかったと聞いてまた驚く。他人のことはいえないが、みな気は確かか。これで今月の家賃は払えますとドリルは笑う。

十二月二十七日（木）

自店の古書目録の原稿を入稿。十月、大阪の市場から『形成画報』（昭和三年）が出るという報せがあった。大正アヴァンギャルドの版画家岡田龍夫が出した個人雑誌（というより作品集）だ。あの時代、『マヴォ』（大正十三年）や『死刑宣告』（大正十四年・萩原恭次郎）にたたきつけるような作品を残して、スッと姿を消した。その彼が全身全霊を込めたもので（と私は思う）、二十年ほど前、一度だけ市場で見た。あの時はコールド負けだった。朝早い新幹線のなかで、これを買えなかったら帰りはバスだと決めた。

古書目録では「アバンギャルドの越境」という特集を組んだ。無理と意地の一年の、これが最後の仕事だ。

午後、電車とバスを乗り継いで越谷の中央図書館へ。野口冨士男の『越ヶ谷日記』（二〇一一年）を買う。この本はここでしか売ってない。アマゾンでも買えない。というのがなんだかこの人の折りたたみようもない意地のようだ。

野口冨士男は学校を出ると紀伊國屋出版部に就職した。一九三〇年代の紀伊國屋書店は面白い。小さいけれど尖ったインディーズショップで、本屋はこんなに新鮮な場所なのかと驚くばかりだ。そのことを書きたくて調べごとをしているが、きりがない。『野口冨士男文庫』通信のバックナンバーを読んでいたら夕方になってしまった。冬練が終わった高校生たちの歓声が聞こえる。

一月四日（金）

午前中、自宅の前にブックオフのトラックが停まる。この町内にもいよいよ来たかと思っていたら呼び鈴が鳴る。そういえば、暮れに息子が自分の部屋を大掃除してコミックやら文庫やらを縛ったのを「これ古本屋さんで買ってくれるかな」というので、「きびしいかな」と生返事をしたのだった。そうか、ブックオフを呼んだか。

一月七日（月）

「古本屋一代と決め初市へ」。先達山王書房の俳句を年初にはきまって思い出す。大正初年の『紐育（ニューヨーク）』なる雑誌が十冊ほど。詩人関根弘の一冊分の自筆原稿。初市はこれに絞って入札。二つとも惨敗。

夜、八羽へ。『彷書月刊』の編集長だった古本屋「なないろ文庫ふしぎ堂」の田村さんが亡くなって二年になる。小さな席に、女将さんは田村さんの陰膳を用意してくれた。献杯。「追悼集いつか作りたいね」「そう言いながら出来ないもんなんです」「七ちゃんだから七回忌にってどう」「そりゃいい」「じゃあその頃また話そう」。

一月十一日（金）

五反田の市場に「南天堂書房の包装紙一枚」というのが出ている。ここは大正末年の白山にあった無頼な輩の牙城だ。寺島珠雄さんの『南天堂』（一九九九年）でこの図柄を見たが、本当に紀伊國屋書店のデザインにそっくりだ。いや、紀伊國屋が後なのだが。これは欲しい。こんな風花に金を出すのはウチぐらい、というのはただの強がりだが、強がっていなければやっていけない。

一月十四日（月）

午前中からの雪は昼を過ぎていよいよ激しくなる。不思議なもので、こういう日に市場に行けば佳いものに出会えそうな気がする。大雪で業者もきっと少なかろう。どうしてこう欲が深いのか。

お茶の水まで二時間もかかる。駅から古書会館までの池田坂はまるでゲレンデのようだ。そこをザックザックと進む。欲とはすごいものだ。

放蕩を尽くしたバロン薩摩こと薩摩治郎八が巴里で出したガリ版刷りの脚本がある。初めて見るものだ。来てよかった。古本の神様は「これを買え」と言っている。

一月二十六日（土）

朝の新幹線で京都へ。近畿ブロック大市会。目玉は一九三〇年代のプロレタリア系雑誌だが、ことごとく惨敗。ここまで来て買えないか。気分を変えて、タイタニック号を含む当時の客船のディナーメニュー一括だとか、満州の煙草パッケージ貼り込み帖だとかを見ていると、いや、こちらの方が遙かに面白いと思いはじめる。きっとそうだ。だが、なぜ京都でタイタニックか。

夜は畏敬する先輩「書砦梁山泊」の島元さんが主宰する読書会へ。

一月二十七日（日）

恵文社一乗寺店へ。リトルプレスの見たこともない本や冊子が並ぶ棚は飽きることがない。一九三〇年前後の南天堂や紀伊國屋書店の新鮮さはこういうものではなかったのか。いつだって、見たことのないものを見たい。

北白川通に出てガケ書房を目指して歩く。途中にある京都造形芸術大学には友人の娘シューコが通っている。元気にしてるか。オジさんはいろいろ大変だ。

ガケ書房の古書の棚で七〇年大阪万博パンフ一括を得る。店を出ると雪。

一月二十八日（月）

神田の市場。最終の台に『文藝春秋』の創刊号から昭和二十年三月まで、つまり戦前分の完揃（二百六十冊ほど）が出ている。これだ。これを買おう。

古書肆の眼・日録(III)

二〇一〇年

■某月某日

吉祥寺のサンロードを歩いていたら、さかえ書房がなくなっていた。建物は大きなシートに覆われていて、もう次に入る店の工事がはじまっている。昔からの古本屋がまた一つ消えた。

さかえ書房は詩人金子光晴が懇意にした古本屋だった。入り口正面の硝子ケースにはいつも金子光晴の古い著作が何冊か並んでいて、一九七五年に詩人が亡くなってからもそれはずっと変わらなかった。

「さかえ書房にはたまに金子光晴がいるんだ」、金子光晴とジャニス・ジョプリンが大好きだった先輩がそう話していたのは、たぶん七四年のことだ。あの頃、金子光晴は学生の間でちょっとした人気者だった。それは「文学的な再評価」というのではなくて(だったのかもしれないが)、むしろ飄々としたキャラクターにひかれてのことだった。「色気があるんだ。ようするにスケベそうなんだ」、先輩のそんな言い回しを、私は感心して聞いていたものだ。シートのかかったさかえ書房を見ていたら、そんなことがしきりに思い出された。

先日、京都のミニコミ『SUMUS』（林哲夫編）が「まるごと一冊晶文社特集」というのを出した。本好きが集まってこんな面白いものを作るのだから、それこそ七〇年代のしなやかさをそのまま映しているようだった。

この巻末に、一九七三年の「全国の晶文社常備寄託店一覧」が載っていて、あの頃はこんなにたくさんの「町の本屋」が晶文社の本を常備していたのかとびっくりした。たとえば私の住む練馬区には常備店は六軒あって、今ではもう一つも残っていない。

高校生の頃、私は近所の本屋で植草甚一の『ジャズの前衛と黒人たち』を見たことがある。本当にいつも背を見ていただけだけど、植草の名前を私はそこではじめて知った。たまたま並んでいたと思っていたが、名簿を見るとそこも（夫婦でやっていた本当に小さな店だったが）晶文社の常備店だったのだ。

高校生が、町の小さな本屋で晶文社の本の見ることができたり、郊外の古本屋で風狂の詩人の気配に触れることができる。あの頃の方がずっと豊かだったように思うのだが、では、そんな場所は何に置き換わったのだろうか。

■某月某日

以前この連載で、近代詩集の大コレクターといわれた小寺謙吉氏に触れたことがある。この人のコレクションは現存数部の稀書までを網羅した見事なものだったが、一方で蒐集のためには言葉巧みに借り出しては返さないとの悪評が新聞記事にもなるほどだった。そうまでして戦後最大といわれる詩集の大コレクションを作ったが、八〇年代の初頭に氏が亡くなると、その膨大な蔵書は忽然と消えてしまう。住んでいた家はなくなり、遺族も消息を絶ってしまったのだ。何もかもが消えた。そして四半世紀。執念の小寺蔵書はその片鱗もみせなかった。

ところが、昨年の暮れのことだ。東京郊外で開かれた小さな入札会に四十点ほどの古い詩集が出品された。竹中郁の第一詩集『黄蜂と花粉』、名古屋で発行された幻のシュルレアリスム雑誌『夜の噴水』、中原中也『山羊の歌』の自筆葉書付などどれも逸品ばかりだった。何冊かに旧蔵者に宛てた手紙やDMがはさまっていて、その宛名は小寺謙吉となっていた。

小寺蔵書が動いた。いきおい全国から古書業者が駆けつけてどれも高値となった。いったい小寺蔵書はどこにあったのか。もちろん出品した業者は口にしない。区営住宅で身寄りのない老人が亡くなり、その遺品整理で引き取ってきたという噂話を耳にした。こんなときには見てきたような憶測がいくつも飛び交うものだが、どの物語もこの四十冊ほどしか残ってなかったという点では共通していた。では、あの厖大なコレクションはどうしたのか。

数日後、私は郊外の古本屋で『野球燦爛』(昭和三十九年)という詩集を見つけた。著者の小寺和夫は謙吉の本名で若い頃に一冊だけ詩集を出している。限定五十五部のうち、この本は表紙に肉筆絵が描かれた特装五部本で、しかも第一番本となっていた。著者の手許にあったものにちがいない。いくらか面識もある若い店主に事情を話すと、十二月のはじめに、十冊ほどだったが古紙回収業者が持ち込んだ口だと教えてくれた。この人(小寺)に宛てた署名入りの本もあったそうだ。

この四半世紀、伝説のコレクションはどんな道行きをたどったのか。幸せな気配はおよそ感じられない。

■某月某日

古書の入札会に真鍋呉夫の句集『花火』（昭和十六年）が出てきた。この本を見るのは初めてだった。

私の店（古本屋）は石神井公園という東京のはずれにあって、真鍋さんもこの町の住人だ。今年九十歳。小さな雑木林の中に建つ一軒家は、本当にそこだけ時間が止まっているようにみえる。

真鍋さんは昭和十四年、福岡で創刊になった同人誌『こおろ』に参加する。同人には島尾敏雄、阿川弘之、小島直記、那珂太郎……と、戦後に活躍する作家が並ぶが、この雑誌の精神的な支柱は昭和十七年に二十四歳で亡くなった矢山哲治だった。

六、七年前に、『harappa』（ポポタム）というミニコミで真鍋さんにインタビューをさせていただいた。自転車で十分もかからないから、私は雑木林の家に何日か通った。

真鍋さんはもう八十歳を過ぎていたが、若いときに私淑した矢山哲治の話になると言葉が俄然熱くなる。畏敬の念は変わることなく、友情とはそうしたものかと思った。

当時、『こおろ』の同人達はまるで手作りのような書物を作っていた。矢山の詩集も、島尾敏雄の最初の作品集『幼年記』もそこで生まれたものだ。いずれも百部ほどの私家版で、親しい人たちに配った。彼らは、まるで友情の証のように小さな書物を遺したのだった。真鍋さんの句集『花火』もこの仲間が作ったもので、限定百部の非売品、発行人は矢山哲治となっている。早晩、召集になるだろうからこの句集は遺書のつもりだったと聞いたことがある。どこをどう巡ってきたのだろうか。そんな一冊が不意に現れ、私はそれを落札した。

そしてまた雑木林の一軒家を訪ねた。「これは凄い」と、文人の驚嘆も期待したが、真鍋さんはほとんど表情を変えることなく、ただ一頁ずつゆっくりと読みはじめた。私はしばらくその横顔を見ていた。「署名をして下さい」。そう言うと、ちょっと目を上げて「いいですよ」、静かにそう答えた。

■某月某日

日暮れ頃になってのぞいた古書展で尾崎士郎の随筆集『芋月夜』（昭和二十一年）を手に入れた。五百円。新刊書では到底読めない古い随筆集を、文庫本ほどの値段で買えるのだから、なんと贅沢なことかと思う。

帰りの電車でパラパラ見ていると、中に「亡き友の手紙」という回想がある。戦争中、炭不足のため反古紙を火鉢で燃やしていたというのが、しだいに古雑誌、そのうちには「長い間保存していた古手紙」まで火鉢に投入したというのだ。嗚呼、なんと勿体ないと思うばかりだが、そんなとき、梶井基次郎からの手紙が出てきた。

尾崎と梶井とは一時期絶交状態にあったが（たしか宇野千代を巡る三角関係）、しかし「苦しい病床の中から」届けられたこの手紙によって旧情を取り戻せたという。その全文を紹介しているが、吐露される真情とは別のところに私の興味は釘付けになってしまった。というのは、こんなくだりだ。

「この間淀野（隆三）から『檸檬』といふ私の小説集を送つて呉れた筈ですがお受け取りになつて下さいましたか。あれに署名がしてありますが、きつとお気づきだつたと思ひますが、あれは私がいちいち書いてゐられないので淀野がして呉れたのです」

『檸檬』は梶井基次郎の生前唯一の著書だ。病床にあって署名もままならなかったのだろうが、しかし「尾崎士郎様　著者」と署名があれば、因縁深い旧友へ献じた一冊だ。もし古書で現れれば貴重な一冊にちがいないが、それが代筆とは……。

帰宅して、川島幸希氏の一連の著作を開いてみる。近代作家の署名に関して最も実証的で信頼できるものだ。『檸檬』についてはこうある。「本人の署名本が存在する可能性が絶無とは言えない」が「刊行直後に献呈すべき人物に対する署名本はすべて（淀野と梶井の母親の）代筆と考えてよい」。なるほど明快だ。しかも、淀野と母親の筆跡は梶井の筆跡と酷似していたとの証言をあげて、それを見分けるのは現在では困難だろうとある。

「絶無とは言えない」梶井本人の署名が万一遺っていたとしても、もう見分けることはできないのだ。なんだか、この作家の儚さに通じている。

■某月某日

にしがはら書店が廃業したのは五月の連休明けだった。中央線の武蔵境駅から単線の私鉄で二つ目、多磨駅のそばに店はあった。元々は屋号の通り北区の西ヶ原で営業していた。東京外国語大学のすぐ近くで、洋書や言語学関係の専門書が並ぶ学生街の古本屋だった。十年ほど前、外語大が多磨に移転するのに併せて、この店も一緒に引っ越して来たのだった。

店主の深谷貞臣さんはいかにも温厚な読書人というタイプで、それは初めて会った三十年前から変わらないものだった。静かな店で原書を翻訳し、学生と話をするのも大好き。器用に商売を拡げる人ではなかったが、自身が大切にしている古本屋の像をそのまま保っているようにみえた。

今年の二月、東京古書会館で「本を取り巻く現状とこれから」というシンポジウムが開かれた。講演をした国立大学の図書館長は「無理してまで紙の出版物を流通させるシステムを維持する必要はなくなる」として「（将来的に）図書館は本を置くところではなくなる」と語った。そうでないとしたら「（書籍雑誌を）電子化しなくてもやっていけるということを実証し続ける」鎖国状態に入っていく、その岐路なのだという。

そういえば東京外国語大学が移転した多磨駅の周辺には本屋が一軒もない（喫茶店もない）。大学の周りに学生街らしい風情はなくて、たった一軒あった古本屋もなくなった。蔵書を電子化し図書館から本がなくなるというのも驚きだが、しかしそれ以前に大学がこんな殺伐とした光景の中にあることが（それも近い将来ではなくて今の話だ）よほど凄いことのように思える。今、書物が置かれている状況もこれとどこか似ているのではないか。

韓国からの留学生が、店じまいを知って半日片づけを手伝ってくれたそうだ。お礼に好きな本をどうぞと言うと、「日本の韻律について研究しているから」と、一冊の古い冊子を見つけて喜んでいたという。最後までこんな嬉しい経験ができたのだから古本屋をやっていてよかったと、深谷さんは笑顔で話してくれた。

■某月某日

月の輪書林の古書目録『特集太宰治伝』が届いた。副題に「津島家旧蔵写真函解体」とある。三年ほど前、古書の入札会に太宰治の実兄津島文治旧蔵の「写真函」というものが出た。古い生写真が詰まっている大きめの木箱で、月の輪書林はこれを思い切った値段で落札し、以後の三年間、まるで引きこもりのように写真と向き合った。

月の輪書林は際立った古書目録を作ることで知られる。新しい号が出来上がると「凄い凄い」と絶賛されるが、私は同業者で人一倍心も狭いから、なかにはさほど面白くもない号もあった。しかし、この古書目録は凄い。

古書目録、つまり古書の販売リストだから、もちろんこの写真も売り物で、そこから連想（いや妄想か）される古書が三千七百冊ほども並ぶ。といっても、書名と価格が並ぶだけではなくて、これが真骨頂なのだが、それぞれの古書に膨大な解題、引用が添えられる。これを読んでいるとまるで一冊の物語のようだ。

古書の世界で太宰治は人気はあって、もちろん「知られざる作家」ではない。初版本や自筆物は昔からのコレクターズアイテムで、研究書も山のように出ている。いまさら「太宰治伝」でもないのだ。この古書目録には、見たことがないようなレアな初版本や自筆原稿が載っているわけではないし、それどころか太宰治の著作はほとんど載っていない。それでも、親族の古い写真と、厖大な引用や証言を手がかりに、太宰治は少しずつ姿を現す。これが奇妙なのだが、そこでの太宰治は、もしかしたら「いたかもしれない」、いや、たしかに「いたはず」の無名作家のような貌をしているのだ。

だから、この一冊を読み終わると「太宰治伝」というタイトルはなるほど秀逸だと思う。こういう言い方が適切なのかはわからないが、物の用から離れたところの面白さが存分に引き出されている。きっとそれは古本屋という仕事の面白さそのものなのだ。ただ、一冊の注文をしなくても「面白い」と堪能できる古書目録が成功かどうかは、また別な問題だが。

■某月某日

夏葉社という小さな出版社から『昔日の客』（関口良雄）が復刊された。この本が最初に出たのは昭和五十三年だから、もう三十二年が経っている。

著者の関口は東京大森で山王書房という小さな古本屋を開いていた。文学書の蒐書で知られていたが、昭和五十二年、還暦を目前にして関口は亡くなる。山王書房も店を閉じた。

当時の追悼のなかに山王書房はこんなふうに描かれている。「思いがけない場所に小ぢんまりと、小綺麗に、粒よりの古書を並べた店があるのは、奇蹟のように思えた」（山高登）、「ひっそりとした小さな古本屋の第一印象は裏切られなかった……珍しい本にめぐりあへさうだな、と咄嗟に思った」（結城信一）。

『昔日の客』は、こんな古本屋の、それこそ日だまりのような日々を綴った随筆集だ。だが、「思いがけない場所」にある「ひっそり」とした古本屋は、実はとても食べていけないものだ。

私は昭和五十五年に、やはり郊外で詩歌書の小さな古本屋をはじめた。古本の業界も好景気だった頃で、バリバリ売っている先輩業者たちの言葉には遠慮がなかった。郊外には郊外のやり方がある、売れもしないものを並べるのは自己満足で、そんなものは商売じゃないと。

『昔日の客』を読んでいると、この人は古本屋でいることが本当に嬉しくてならない。願うような古本屋をやれていること、それが本屋の儲けなんだよといっているようだった。それを叶えるために、口に出せばつまらない意地で終わってしまうような想いを、まるで矜持のように内に保っていた。軽妙な語り口の向こう側にある凛とした姿勢に、私は何度も励まされたように思う。

山王書房は、関口が編んだ「奇蹟のような」小さな物語だった。老舗でもなんでもないこの物語は、それでも三十年以上の間、絶えることなく読まれ、語り継がれてきた。それが復刊される。この小さな版元の心意気も、新しい「奇蹟のような」物語のはじまりなのかもしれない。

■某月某日

森開社から『左川ちか全詩集（新版）』の案内葉書が届いた。左川ちかは昭和初期に颯爽と登場したモダニズムの女性詩人で、二十四歳の若さで夭折している。

森開社が最初に左川ちかの詩集を出したのは一九八三年のことだった。私は二十九歳、郊外で小さな古本屋をはじめたばかりだった。

一九七〇年から八〇年にかけて、個性的な小出版社がいくつも登場した。牧神社、仮面社、冥草社、林檎舎と名前をあげれば、そこが送り出した書物が思い浮かぶ。森開社もその一つで、小野夕馥さんの個人出版社（プライヴェートプレス）だった。

小野さんは古書展の常連で、とにかく丹念に資料を探していた。いつだったか江間章子さんのエッセイに「（小野さんは）まるで考古学者だ」と書かれていたが、本当にその通りだった。古書の世界には、もう見えなくなってしまったもの、もう聞こえなくなってしまったものが埋まっている。そのことを、私は小野さんから教えられたように思う。

最初の『左川ちか全詩集』が出た頃だから、もう二十七年も昔のことだ。小野さんから次は山中富美子を必ずまとめると聞いた。初めて耳にする名前だったが、彼女もまた、昭和初期に十代で登場し二十代半ばで消えてしまったモダニズム詩人だと教えられた。

小野さんともすっかりご無沙汰になっていたが、昨年の秋に『山中富美子詩集抄』（小野夕馥編）が刊行された。限定三百部というその詩集を手にして、これがプライヴェートプレスの執念かとつくづく思ったものだ。

私は古本屋だから、かつての書物文化の豊饒を糧にしている。途方もない作業、あるいは才気を丁寧に編集し、豪華ではないけれど、しかし紙や刷り綴じにまで細やかな気配りが感じられる書物は、なんと贅沢なものかと思う。椎の木社やボン書店、昭森社など戦前の小出版社の佳き精神は、戦後も書肆ユリイカ、湯川書房と受け継がれ、森開社もそこにある。

新版の『左川ちか全詩集』には、この二十五年の間に発掘した新たな作品を増補するという。つくづく、書物は著者だけの作品ではない。

■某月某日

古典籍のオークションで、宋版（宋の時代の中国で刊行された書籍）が一億円を超える価格で落札された。一点の書物の取引価格としては過去最高だそうだ。買いにまわっているのは中国のバイヤーで、いまこの人たちが触手を伸ばすものだけが高い。

先日の入札会でも、樋口一葉（近代自筆物のエース）と孫文の書簡が並んで出品されて、ダブルスコアーで孫文だった。「平仮名の混じっているものは駄目」と、わかりやすい教えを前に、仮名文字の美しさを売りにしている一葉は立つ瀬がない。

まことに、木枯らしがいつもより寒く感じられるのである。そんな中で「九島興業資料の来し方行く末」（中山信如・『日本古書通信』九～十一月号連載）は熱く、面白いものだった。中山さんは映画文献の専門で知られる稲垣書店の主だ。

発端は二十年も前、「九島興業資料一括」というダンボール三箱の資料を落札した。大正時代に札幌で映画館を経営していた興行主の資料だが、古い書簡や書類がビッシリ詰まっていて、どうも整理が面倒くさい。そのうちゆっくり見ようと倉庫の隅に積み上げた。ン十万円で買ってこの不精。我が国もあの頃はバブルだったのだ。

あれから二十年、店主はふとその三箱を思い出した。不景気で仕事が減った分、時間だけはたっぷりある。箱に詰まった古文書のような資料を、丁寧に整理し、解読していった。もともと凝り性な人で、こういうことをはじめると仕事もせずに（いや、これが仕事か）三カ月も部屋に閉じこもるのだった。これはそのドキュメントだ。

古い手紙や書類の向こう側に浮かび上がってきたのは、大正時代に興行で一旗揚げようとした新参者の奮闘ぶりだった。活動写真館の建築、活動弁士の実体、興行主の家族生活、まだ活字で編まれていない様々な物語が埋まっていた。第一級の資料ではないか。店主はこれに三百八十万円の値を付けた。二十年もほうっていてこう言うのもどうかと思うが、努力の結晶である。目録に載せるとすぐに注文が入った。

他人の儲け話ほどつまらないものはない。しかし、「不精が赦される」というのと「努力が報われる」、この相反する二つが共存できる場所があるのかと思うと、読後感は妙に晴れやかなのであった。

二〇一一年

■某月某日

なないろ文庫ふしぎ堂の田村治芳さんが亡くなった。六十歳だった。古本屋のかたわら古書の専門誌『彷書月刊』の編集長を務め、この雑誌が昨年の十月に通巻三〇〇号で終わったところだった。

田村さんと初めて会ったのは一九八〇年の夏。私は小さな古本屋をはじめたばかりだった。背中にとどくほどの長髪で、古本屋というより、部活の先輩という感じだった。単位はほとんど取れていないのに（つまり成績は悪いのに）文学や本のことはよく知っている。古書業界は今よりずっと旧弊だったから、田村さんのそんな自由な雰囲気にホッとしたものだった。そのしなやかな印象は最後まで変わらない。『彷書月刊』の創刊は一九八五年だった。田村さんは誰よりも古本屋が好きだったけれど、商売はそう上手でなかった。むしろミニコミ作りがこの人の真骨頂で、古本の面白さ、古本屋の楽しさをそこで伝えていった。本当に部活の人だ。そして、この小さな雑誌が、閉鎖的だった古書業界に風穴をあけていく。

二年ほど前に食道癌が見つかった。いつだったか、見舞いに行くと小三治の文庫本を読んでいて、「独演会がやりたい」と言うのだった。人前で「ようするに、こうである」みたいなことを喋るのが大好きだった。大泉、西荻、千駄木での独演会が実現すると、どこの聴衆にも若い人が多いのに驚いた。田村さんが雑本、雑読こそ古本屋の原点であると話すのを、そういえば三十年前、私が初めて会ったときもそんなことを聞いたような気がした。

田村さん、それではもう古本屋は食べてはいけないんだよ。しみじみそう思うのだけど、でもそれをなくしたら、たしかに私たちは古本屋ではなくなってしまう。そんな話も、田村さんともっとしたかった。

葬儀には六百名もの会葬者があった。老舗の大旦那が亡くなってもこんなに大勢の人がお別れに来ることはない。本が好き、読むのが好き、本の話が好き、そんな人たちが、冷たい風が吹く中、いつまでも長い列を作った。この人らしい、いや本当に古本屋らしいラストシーンだった。

■某月某日

『JAPAN'S BICYCLE GUIDE』（日本自転車工業会刊）という本があって、日本の自転車、その部品などを紹介したカタログだ。カタログといっても二百頁ほどのもので、本文は全て英文だから、外国向けに作られたのだろう。昭和三十年を前後して、これは毎年出ていた。いや、今も出ているのかもしれないが、当時のものは前衛詩人北園克衛が編集し、ブックデザインも担当していた。

もう何年か前のことだ。都市・建築関係の古書を専門とする「港や書店」が、このカタログが六冊ほどあると声をかけてくれた。「北園がやっているんですよ」といわれて、私は初めてそんな本があることを知った。値段を尋ねると、十二万だったか十五万だったか、もちろん人の足下を見るような本屋でない。それでも、現物を見ることもしないで「まあいいか」と思ったのは、情けないことだった。

昨年の秋、北園克衛の展覧会（世田谷美術館）にあわせて、北園研究の第一人者であるジョン・ソルトさんの講演があった。その中で、このカタログを取り上げ「これは日本の優れたアートブックだ」とうっとりするような笑顔で紹介した。

その話を「港や書店」にすると、「ソルトさんではないけど、やはり外国からのお客さんにお見せしたら、すぐに買ってくれました」というのだった。「やっぱりあれ買うよ」と言うつもりだった私は、ますます情けない。

この前、渋谷の小さな映画館で『ハーブ＆ドロシー』を観た。素敵なドキュメンタリーだった。元郵便局員と図書館職員の夫婦が（つまり普通に暮らす夫婦が）、こつこつと好きな現代美術の作品を買い蒐める。狭いアパートは積み上げた作品でもう天井までいっぱいだ。それでも若いアーティストやギャラリーを訪ね、作品を観る。夫婦の規準は一つで、彼（女）にとって「美しい」ということだ。そういうものと出会いたい。夕刻、「もう一軒まわれるね」と言って、街頭に消えていく老夫婦の姿は、それこそ美しかった。

なるほど、蒐集とはこうした無名の情熱によって叶うものだ。心を入れ替えよう。それにしても何でもすぐ影響される。あれこれを思いながら夕刻の宮益坂を下っていく。

■某月某日

東北の大地震の日、お茶の水にある東京古書会館では入札会の最中だった。ここも激しく揺れた。しばらくすると神田の古書店でも、棚が倒れたり、崩れた本で通路が埋まっていると報せが入る。「このへんはもともと海だったから揺れるんだよ」。椅子に座ったままの老店主がぼそっとつぶやいた。

関東大震災では、神田古書店街も壊滅している。当時、東京の古書店の数は五百軒ほどだったが、そのうち二百八十軒の古書店が罹災した（『紙魚の昔がたり』反町茂雄編）。そこにストックされていた厖大な古書を焼失したが、もちろんそればかりではなかった。様々な稀覯書のコレクションを収蔵していた東京帝大図書館も焼失。「神田の古本屋の何十億冊とも取り換えることのできない損失である」と内田魯庵は心底から嘆いた（「典籍の廃墟」）。

ところが一〜二ヵ月すると古書業界は震災特需の活気に沸く。先の反町の回想によれば、内田魯庵の嘆きが紹介されると、「古い本は焼けた」「明治の本は全部焼けた」とオーバーな報道が増えた。すると古書への関心が高まり、個人の読書家から再建される学校や図書館まで需要は急激に増えたというのだ。もちろん、東京の古書店も罹災したが、店主らは仕入れのために全国を駆け回った。

著名な蔵書家の売り立て会が始まったのもこの頃だ。まとまった稀覯本をオークションのような形で売却するものだが、そこには生涯をかけたコレクションが一夜にして焼失した震災の衝撃もあったのだろう。記録を見ると、個人のコレクターに並んで紀州徳川家という名前まである。門外不出といわれた稀覯本が世に出回りはじめた。

すると、今度は次々と書物雑誌が創刊になる。古書の即売会がブームになる。古書店の周辺は、いや書物の周辺はいよいよ賑やかになった。

当時の回想を読んでいると、特需がどうであったかより、人々の中の書物に対する想いがたしかなものとして感じられる。それにしても、ものの喩えに「古本屋の何十億冊」と魯庵が言ったとき、当時の読者はそこにどんな書架を想像したのだろうか。

■某月某日

震災の日、お茶の水の東京古書会館の地階では古書展が開かれていた。幸い被害はなかったが、交通機関がすべて止まってしまい、古本屋もその日は帰れそうもない。客も同じで、帰れそうもないからいつまでも古本を見ている。結局、業者も客もここで夜明かししたというのは、なんだか浮世離れした話だった。

浮世離れといえば、十年ほど前、札幌の入札会に戊辰戦争で使われたという大砲一門が出品されたことがある。その頃、十勝沖（根室沖だったか）で地震があり、壊れた旧家の蔵からこんなものが出てきたというのであった。戊辰戦争のものとはいえ、大砲を勝手に売買するのは銃刀法違反ではないか、いや大砲といっても小さいから大丈夫（そういう問題ではないと思うが）、結局実用には堪えない骨董品ということで出品が認められた。

もちろん、現実はそう牧歌的な話ばかりではない。地震以降、神田古書店街を訪れる人は激減したという。たしかに三月十一日を境に気持ちの流れも変わったのだろう。ふと、私の店で震災後最初に注文が来た本は何だったろうかと調べてみたら、宮澤賢治の『注文の多い料理店』の戦後版（昭和二十二年）だった。注文の日付は震災の日の晩になっている。

宮澤賢治は生前に詩集『春と修羅』と童話集『注文の多い料理店』の二冊しか残していない。刊行はいずれも大正十三年で、つまり関東大震災の翌年だった。

東北の無名な教員の本だ。話題にもならなかった。結局、大量の売れ残りは露店でたたき売られ、ほとんどは廃棄された。現在に残るものは極々少ない。

ところが、奇蹟のようなことはあるもので、『注文の多い料理店』の紙型（印刷の元になった版）が残っていた。昭和二十二年に杜陵出版から出たものは（震災の夜に注文が来たのがこれだが）この紙型を使って印刷したものだ。無名な賢治の願いまでが行間に残っているようだ。

壮絶な映像がくり返し流れたあの晩、そんな一冊に想いを馳せたお客さんの注文で、私の店の三月十一日以後が始まっていた。

■某月某日

新刊の『資生堂という文化装置』（和田博文・岩波書店）を読んでいたら、井伏鱒二の『夜ふけと梅の花』（昭和五年）を思い出した。この短編小説は、主人公が夜中の二時頃におでんを食べたくなって出かけるところからはじまる。昭和初頭の深夜二時なんて草木も眠っていると思っていたから、現代とあまり変わらない生活スタイルに驚いたものだった。

震災の復興が完成したのが昭和五年。モダン都市に生まれ変わった東京で、資生堂は尖端の場所だった。とにかくかっこいい。装う（モード、ファッション）、味わう（資生堂パーラー）、見る（資生堂ギャラリー）、一つのショップが発信するライフスタイルは、間違いなく時代の憧れだった。しかし、「新しさ」というその時のリアルな感覚は、言葉では記録されにくいものだ。

今でも、古書展に行けば、その頃（昭和初頭）の本や雑誌が並んでいる。もちろん、古い資生堂の宣伝誌や資料がたやすく見つかることはない。しかし、鉄道の雑誌でも足袋屋の小冊子でも、どうしてこんなに素敵なデザインなのかと驚くものがある。新しい風が吹き抜けた跡はいろいろなところに残っている。

ネットで集めた資料にあたっているだけでは、こうした時代の風に直に触れることはないのだ。

『資生堂という文化装置』は、豊富な資料にあたりながらモダン都市の尖端が見事に再現されている。資料といっても、堅固な全集や研究書ではない。街頭を舞ったチラシや小冊子、当時の雑誌に載った無名な都市風景の写真だ。私はそれを探すのが仕事だからわかるけれど、それこそ吹き抜けた風を蒐めるのは途方もない作業だ。

それにしても、資生堂があった銀座という場所は、人々にとって盛り場というだけでなく「晴舞台」だったのだ。今、古本では、あの時代の「裏街」だとか「どん底」「暗黒」といったカテゴリーに人気がある。なるほど「晴れ」があったから「裏」や「闇」があったのだ。現代の平板さとは比べようもない。

ところで、井伏が夜中の二時におでんを食べに出かけるのは、あれはどちらかというと「裏」のライフスタイルだったのだろうか。

■某月某日

新しい在庫古書目録をだすと、すぐに高祖保の詩集『禽のゐる五分間写生』（昭和十六年）に注文が入った。月曜発行所というプライヴェートプレスが作った二十頁ほどの小さな詩集だ。戦前の優れた詩書の多くは既存の出版社の外側で生まれている。巨木や美しい花ばかりではない。一枚の葉っぱのような詩集にも書物文化の豊穣は映っているものだ。この詩集も発行部数は僅かに百部。なんと洗練された小冊子かと驚くばかりだが、今で言えばインディーズ出版だ。こんな小さな詩集を遺して、高祖保は昭和二十年に戦死する。

「白井敬尚の仕事展」を銀座で見たのは震災の前のことだ。氏がデザインした書物や雑誌が並び、夕刻からはトークショーも開かれた。その中で、こんな発言があった。一冊の書物とは、たとえばフォントとかマージン（余白）とか紙をどうするとか、つまり作品とは関わりのない要素で成り立っているというのだ。何げない言葉だったが、私には印象的だった。

『禽のゐる五分間写生』を作ったのは、近江に住む詩人の井上多喜三郎で、彼は優れた個人出版の担い手でもあった。高祖保は売れっ子作家でもなんでもない。井上は大切な友人の作品を小さな詩集にしたかったのだ。いや、詩集というより、まるでグリーティングカードのように薄い冊子だ。そんな書物を手にすると私達は今でもとても新鮮な気持ちになる。この新鮮さは、白井敬尚が言うように作品とは関わりのないものだ。書物という紙の器それ自体が保っている力なのだ。

私がこの小さな詩集を古書の入札会で見たのは、この三十年で初めてだった。二十年ほど前、一度だけ他店の古書目録に表紙の欠けたものが出たことがある。それだけだ。

思い込みの強い方なので、私はずいぶんな値段で落札してしまい、これを自店の古書目録に十二万とつけた。こんな値で注文はくるのだろうかと思っていたが、結局注文を下さったお客さんは十人にもなった。

語弊があるかもしれないが、本好きのお客さんは佳いものを本当によく知っている。電子化されれば絶版書がなくなるというが、書物（紙の器）はそれ自体が物語なのだ。

■某月某日

神保町の東京堂書店の週間ランキングの一位に『えびな書店店主の記』（蝦名則・港の人刊）が入っていた。つくづくこの街は「本の街」「本好きの街」だ。

えびな書店は東京郊外にある、美術書専門で知られる古本屋だ。ここが古書目録『青山二郎全仕事』を出したのは一九八九年のことだった。青山二郎が手がけた装丁本の八割ほどを蒐め、この人の装丁家としての仕事を見渡そうというものだった。物語を編むように出来上がった一冊の古書目録は、古本屋という仕事の面白さを存分に伝えた。

蝦名さんは美術雑誌の編集者だった。そこが倒産して、食べるために小さな古本屋をはじめる。といっても、あまり地道ではなかった。ときに家中の預貯金をつぎ込んで作品や資料を落札し、古書目録で特集を編む。潰れた雑誌でやり遺した想いもあったに違いない。郊外の小さな古本屋の懸命な日々が続いた。

あれは一九九四年のことだ。毎年七夕に開かれる古書のオークションで、えびな書店が『日光建築装飾集』という全七冊の江戸期写本を落札したことがある。その額は五百万円を超えるものだった。バブルの余韻があった頃だから、千万、二千万というものも少なくなかったが、それでも、業歴十年ほどの駆け出しに五百万円は大変な額だ。

これをえびな書店が落札すると、会場から小さな拍手が起きた。業者間のオークションでそんな光景は後にも先にも見たことがない。もちろん、からかいとか冷やかしではなかった。その場を収めるように蝦名さんが立ち上がって頭を下げると、ためらいがちだった拍手は、いっそう大きなものとなった。

私も、あのとき拍手を送った一人だ。「よく頑張りました」という拍手ではない。駆け出しの懸命な仕事ぶりが誇らしかったのだ。

『えびな書店店主の記』は鎌倉の小さな書肆から刊行された。大きさもまた文庫本ほどの小さな本だ。その本が、東京堂書店のショーウィンドウでランキング一位になっている。それを見て、私はあのときの拍手が思い出されてならなかった。

■某月某日

今年も上半期が終わって、印象深い古書はいくつかあるが、痛恨の一冊といえば詩画集『スフィンクス』（昭和二十九年）であった。これは瑛九や北川民次ら五名の美術家のオリジナル版画に瀧口修造が詩を寄せたもので、五十部が製作された。その中に瑛九が一頁大のオリジナルデッサンを寄せた一冊がある。画家の岡鹿之助旧蔵によるもので、これが入札会に出品されたのだった。「たった一冊」だけの特別なものでも動くときはあって、そこに古本屋として立ち会えたのは幸運だったが、その運を活かすことができず入札では惨敗であった。いつまでたっても、ここ一番に弱い。

その日、私は福永武彦の著作を何冊か落札した。いずれも岡鹿之助に宛てた書名があって、随筆集『夢のように』（昭和四十九年）はその岡鹿之助が装丁をしている。この中に短い随筆で渋谷の中村書店の思い出がある。主人の中村三千夫氏は若くして亡くなったが、多くの詩人たちに愛された好人物だった。福永は、ここで手に入れた一番貴重な本を萩原朔太郎の『定本青猫』（昭和十一年）と書いている。なにしろ、これには室生犀星に宛てた署名が入っていて（すなわち室生犀星旧蔵本だ）、しかも本の背には犀星が自筆で「青猫」と書いているのだ。朔太郎の愛読者だった福永にとって、この「特別な一冊」は宝物であったに違いない。

ところが、この夏に発行された「扶桑書房古書目録」夏季号に、まさにこの一冊、すなわち室生犀星宛署名入の『定本青猫』が載っていた。こんな一冊も動くときはある。

掲載されたカラー写真には犀星自筆の背文字もあったが、私が「いいな」と思ったのはいくらか汚れた箱だった。『定本青猫』そのものはわりと残っている本だ。綺麗な箱に取り替えれば保存状態のいい特別な一冊になる。しかし、そうはしていない。この汚れがこの本の来歴であり、朔太郎・犀星・中村三千夫・福永武彦の手を経てきた、その時間の現れなのだ。

解説には「中村書店のレッテルが貼られている」と記載がある。もちろん「欠点」を説明しているではない。これも大切に残してほしいという、次の所蔵者へのメッセージだ。

■某月某日

私は小さな出版社が好きで（特にいつのまにか消えてしまったようなのが）、そんなことをお客さんに話したら、詩集『桜色の歌』（二〇〇四年）をいただいた。著者の北川幸比古は、昭和三十年代に的場書房という小さな（たった一人の）出版社をやっていたことがある。

私が古本屋をはじめた頃だから、もう三十年も昔のことだ。渋谷の中村書店に行くといつだって寺山修司の『はだしの恋唄』（昭和三十二年）が四冊も五冊も並んでいて驚いたものだ。寺山が学生時代に出した作品集で、その頃でも伝説的な書物だった。この版元が的場書房だった。的場書房からは寺山の第一歌集の『空には本』（昭和三十三年）も出ていて、これは当時でも目にすることはほとんどなかった。

神保町の裏通りの一室に、伊達得夫の書肆ユリイカと森谷均の昭森社が同居していたのは有名だが、この部屋にはもう一つ机があって、それが的場書房だった。戦後詩歌の出版はこの三つの机からはじまったのだ。三人の中で北川は若い。谷川俊太郎とは高校の同級生で、寺山との関係もそこからだった。みな二十代だ。

二十年ほど前、『彷書月刊』で寺山修司の特集を編んだことがある。私もスタッフだったので、そのとき北川幸比古に書いてもらえないかと消息を探った。しばらくして、それは児童文学者の北川のことではないかと教えられた。

詩集『桜色の歌』には北川の略年譜が載っていて、これを見ると的場書房の活動は昭和三十年代のたった二年間だけだ。その後は児童文学者として着実な地歩を築いている。いや、児童文学者が若い頃に少しだけ出版社をやっていたのだ。

『彷書月刊』で北川は、「寺山ほど率直に収入と名声を欲しがってみせた人」はいなかったが「厭な感じではなかった」と回想する。そして『はだしの恋唄』も『空には本』も売れなくて、まったく採算が取れなかったと書いた。

年譜で計算すると、『彷書月刊』に書いた頃北川は五十七歳。的場書房は三十年前の思い出だったことになる。私が中村書店で『はだしの恋唄』を見ていたのも三十年前だ。やはり、ついこの前のことのように思ったのだろうか。

■某月某日

恒例の神田古本祭りにあわせて、神保町古書店街のガイドブックが書店に並ぶ。古書店案内といっても、今では人気芸能人が登場したり、イケメン若店主の笑顔がはじけていて、一昔前のとは大違いだ。

そう、古本屋のイメージはどんどん変わっている。たとえば、いま流行のブックカフェも古本屋の新しいスタイルだが、そればかりでなく若い人たちの個性的な店がそこここに姿をみせた。

インターネットのUstreamで「わめぞTV」という番組を見た。「わめぞ」とは早稲田、目白、雑司ヶ谷界隈の若い古本屋さんたちの集まりで、この番組では夏に代々木上原でオープンしたばかりの新人古本屋（古書リズムアンドブックス）に一時間ほどもインタビューしている。これが面白い。

聞き手は早稲田の古書現世の向井透史さん。話の引き出し方が本当に上手で、若い夫婦が自分たちで古本屋をやりたいと思い、それを実現していくプロセスが気負わない言葉で語られる。豊富な資金があるわけではない。潤沢な売り上げがあるわけでもない。それでも、自分たちの本屋を日々作り上げていく。

会話の中に、去年下北沢で開店した古書赤いドリルのことが出てきた。ここも相当個性的というか闇雲な古本屋で、というのは、この店の基調は「連合赤軍」なのだ。店のHPにはこうある。

「連合赤軍事件を通してぼくは古本屋と出会いなおし」「いつか連合赤軍事件で古書目録を作ろうとライフワークをさだめつつ、古書店開業を発心するに至りました」。

店主は四十歳そこそこのナイスガイなのだが、なぜだろう、「商売繁盛」より「蜂起貫徹」みたいな言葉にグッとくるらしい。店のブログ「赤いドリルの夢は夜ひらく」には日々の奮闘ぶりが率直に（いや、愉快に）綴られている。そういえばこんな闇雲な志で古本屋を立ち上げるのも、古本屋の大切な原点だった。

古本屋のイメージは書き換えられている。でも、古本屋の面白さの底にあるものは、なにも変わっていない。

■某月某日

十一月のはじめ、東京古書会館の地下のホールで「神保町カレー愛バトル」なるイベントが開かれた。この秋、FMの東京トレンド情報のようなところで「古本とカレーの街神保町」というフレーズをよく聴いたものだ。神保町には百軒を越えるカレー屋があるそうだ。そんなにカレー屋があってどうするのと思わないでもないが、古本屋も百五十軒以上あるのだから、この小さな街はカレーと古本でひしめき合っていることになる。

その日の入札会で、私は明治の料理本を何冊か落札した。なかにあった『西洋料理通』（全三冊・明治五年）は仮名垣魯文によるもので、西洋料理書としてはごく初期のものだ。

魯文は幕末の戯作者だが、時代の変わり目に旺盛な好奇心を発揮した一人だ。『西洋料理通』も百十種類のレシピ本で、この中に「コリードビーフ」、つまりカレーの作り方が紹介されている。玉葱を投入してじっくり炒め、そこに「カレー粉」を加えるとあるが、この「カレー粉」が何なのかの説明はない。なるほど、この本はとてもジャーナリスティックだが、実用書ではなかったようだ。

もう一冊、『和洋菓子製法独案内』（明治二十二年）は岡本半渓著とあって、これは後で調べて分かったのだが、『半七捕物帖』で知られる岡本綺堂の実父とある。といっても、菓子職人だったのではない。『保安条令後日之夢』（明治二十一年）という政治小説を書いたかと思うと、『毛糸あみ物独案内』（明治二十一年）や琴の弾き方や菓子の作り方の本を出していて、通人や趣味人のようにも見えるが、この人はもともと彰義隊に参加した旧幕臣だった。新政府が唱える「がんばろう日本」みたいなものに寄り添わない生き方を保ったのだろう。

落札した古本をあれこれ調べたり、空想したり、修繕したりしている時間、これが古本屋の至福だ。

ところで、この時期の本は活版印刷の黎明期のものだ。いつ頃までだったろうか。神保町も路地に入ると小さな印刷屋さんがそこここにあって、洗った活字を道端で乾かしていたものだ。フォークリフトが紙を運び、印刷機の音がいつも聞こえていた。古本を探しながら、そんな中を歩いていたのも、思えば至福だったのだ。

■某月某日

二〇一一年の夏、青山の流水書店で「小沢書店の影を求めて」というブックフェアがひらかれた。

七〇年代以降の大量出版・大量消費の時代に小沢書店は印象深い軌跡を残した。文芸書をとにかく丁寧に造り、それはリトルプレスの真骨頂にみえる。いや、リトルプレスといっても二十八年間で六百点以上を送り出したのだ。足跡は大きい。しかし二〇〇〇年、この「大きな」リトルプレスは倒産。姿を消した。

幕を閉じて十年以上になる。もちろん、このフェアに小沢書店の出版物は一冊もない。それでいて小沢書店を、その時代を浮き彫りにさせる。そんな想いに溢れた棚が作られた。このフェアを企画したのが秋葉直哉さんという若い書店員だった。

十一月の午後、西荻窪で秋葉さんと小沢書店の元社主長谷川郁夫さんとのトークイベントが開かれた。

ところが（というか、やはり）話は弾まない。秋葉さんの熱い思いに引きずり出されたのだろうが、十年では言葉にできない、いや、まだ言葉にはしたくないことがあるのだろう。「申し訳ない、そのことはまだ思い出したくないんだ」。そう言って長谷川さんが黙ってしまう場面が何度もあった。秋葉さんも、それを都合のいい言葉で埋めようとはしない。沈黙に寄り添い、しばらくしてまた問いを発する。

私はそれを気まずい沈黙とは思わなかった。むしろ、生の小沢書店を強く感じることができた。果敢な仕事の果てに消えていったリトルプレスは、刺し違えるように書物を遺していくものだ。古書の世界で、私はそんな書物に出会ってきた。どうして、そうまでして本を作ろうとするのか。それをうまく説明できる言葉があるとは思えない。ただ、それでも作り続け、潰えていくのだ。そして、書物だけが遺る。

長谷川さんは書肆ユリイカの伊達得夫や第一書房の長谷川巳之吉の評伝を、まるで呼び戻すように書き上げている。いつか秋葉さんが小沢書店・長谷川郁夫の評伝を書くのだろうか。そんな話をすると「じゃあ、秋葉君より先に死ねないな」。照れくさそうに長谷川さんが笑った。

二〇一二年

■某月某日

千代田区立図書館で「気になる古書目案内」という展示会が開かれている。「古書目」というのは古書目録のことで（ちょっと聞き慣れない略し方だが）、各店が発行する古書の在庫目録だ。インターネットによる便利な「検索」と、ブックカフェのような素敵な「リアル」の狭間で、今も「こんな古本あります」と小冊子（目録）を作る古本屋がいて、ポストに届いていると「オッ」と喜んで下さるお客さんもいる。

「気になる」古書目録といえば、昨年の暮れに届いた股旅堂古書目録だ。エログロナンセンスを得意とする新鋭の古書店だが、この号は「特集日本ゲイ文化の黎明期」と、なんとも思い切ったテーマに取り組んだ。

特集の巻頭を飾るのは雑誌『アドニス』（昭和二七年〜三七年）で、「（この幻の雑誌から）日本ゲイ文化は始まった」と解説される。

以前、『魔群の通過』（阿部秀悦・二〇〇二年）を読んで、私はゲイの地下雑誌『アポロ』『アドニス』のことを知った。昭和二十年代後半から三十年代に出たこの二誌には戦後の代表的な文学者が別名で参加しているというのだ。たとえば三島由紀夫は榊山保という筆名で、中井英夫は碧川潭、塚本邦雄は菱川伸……そんな事実が実証的に明らかにされる。さらに興味深い（いや、驚いた）のは、『アドニス』の編集を途中（昭和二十九年）から引き受けた田中貞夫が、ほどなく作品社（寺山修司『われに五月を』や中城ふみ子『乳房喪失』はここから出る）を立ち上げたというのだ。

もう十年ほど前、ゲイ文献専門の古書店を開きたいという青年に会った。ゲイ文献は本人が生前に廃棄してしまうため、資料として残りづらいそうだ。「僕はフケ専（老けたゲイの店をそう言うらしい）を訪ねて資料保存を訴えるつもりです」という彼の熱意に、私は妙に感動したものだが、それきり消息は絶えた。

彼が言っていたように、この文化は様々な広がりを持つものに違いないが、アーカイブとしては手がつけられていない。股旅堂の特集は初めてその扉を開けた。

「気になる古書目」で、これは画期をなした一冊と思うのだが、千代田区立図書館で展示されるだろうか。

■某月某日

古書の入札会をのぞくと建国大学の第一期生卒業記念アルバムがある。こんなものが出てくるのかとびっくりしながら、その驚きを極力悟られないようにゆっくりと頁をくった。

『虹色のトロツキー』（安彦良和）の第一巻が出たのは一九九二年だから、もう二十年前だ。「虹トロ」と呼ばれたこのコミックは満洲の首都に作られた建国大学から物語がはじまる。面白かった。

この大学は石原莞爾が唱えた「五族協和」「アジア大学構想」を実現したもので、学風は自由闊達。第一期生はわずか百四十一名で日本人は半分。あとは満洲、台湾、朝鮮、蒙古の学生だった。教員の側もそうだ。客員教授にモスクワを追放されたトロツキーを招聘しようとしたが、それがタイトルの伏線にもなっている。第一巻の解説で山口昌男は「一九九二年の今日、私の最も好きな作品」と書いた。

百四十一名だから、卒業アルバムは教員分を入れてもせいぜい二百部程度しか作られていないはずだ。分厚いものだが、各頁に学生生活を写した紙焼きの写真を一枚ずつ貼っている。少部数ならではだ。

物語としか思っていなかった世界から、どんな回路をくぐり抜けてきたのか、その破片がこちら側に転げ落ちてくることがある。古本屋をやっていると、そんな場面に不意に遭遇する。それがなによりの面白味だ。

私はどうしても落札したいと思った。

第一期の卒業式は昭和十八年。日本人学生約七十名。何冊が海を渡って現在に残されているのか。二度と現れることのないだろう資料に私は渾身の額を入札した。こんなに高く買ってどうするんだという心の声は力ずくで押さえた。そんなことは奇蹟を前に考える問題ではない。

それでも、落札は叶わなかった。落札した港や書店は古くからの友人で歳は私より若い。

「強いね」、先輩風を吹かせてそんなことを言うと、「虹トロを思い出してしまって……」と言うのだ。「そうなんだ」と驚くと、「だって、あれ面白いから読め読めって、あの頃さんざん言ってたじゃないですか」と言うのであった。

そういえば私は人にものを薦めるときにくどいところがある。あれはよくない。

■某月某日

『わたしの小さな古本屋』（田中美穂・洋泉社）を読んでいると、昨年亡くなった『彷書月刊』編集長の田村さんの名前が出てきた。そう言えば、足の踏み場もない編集部で彼女の書いた文章を「面白いよ」と薦めてくれたのが彼だった。

田中さんは倉敷で蟲文庫という小さな古本屋をやっている。

素敵なお店をはじめました、というのではない。二十代のある日、あまりの理不尽さに会社を退職し、その日のうちに「古本屋をやろう」と決めた。資金は貯金の百万円。在庫は手持ちの僅かな本だけ。「古いというよりボロい」五坪の事務所を借りて、彼女の小さな古本屋がはじまった。それから十八年、折々に書かれた随筆が一冊になった。

夜、店を閉めてその足で郵便局のアルバイトに通う生活が何年も続いた。だが、父親の死をきっかけに、そのバイト生活をやめる。経済的に何か変わったわけではない。古本屋にもっと向き合おうと思ったのだ。店を閉めた後、郵便局ではなく、本に囲まれたなかで過ごす。その深閑とした時間を、彼女はなんと幸せかと感じる。その場面がとてもいい。

「意地で維持」をテーマに、蟲文庫は少しずつ居心地のいい場所になっていく。なにより彼女にとって。そしてお客さんにとっても。

今、古本屋には「ネット奴隷」という言い方がある。最大の販売サイトに数万点をアップし、一日百点、二百点の注文を受ける。しかし一円まで値下がりをする価格競争では単価は低い。一日数百件の荷造発送をして、さらに同数以上の補充入力をする。深夜まで働きづめの毎日が続くというのだ。

そう思うと蟲文庫はまるで風力発電のような古本屋だ。「それで食べていけるならいいけどね」。そんな皮肉も聞こえてきそうだ。しかし、読み終われば、小さな発電とゆるやかな繫がりで、こんな豊かさが叶うことを知る。

■某月某日

学生の頃（というのは七〇年代）、私も吉本隆明の『試行』のバックナンバーを探したものだった。なかなか手に入らない。神保町や早稲田の古書店街に行けば創刊号からの揃いは十万円もしていた。三畳の下宿代が五千円の頃だ。それでも、それを法外とは感じなかった。もちろん、どうにもならない。そのどうにもならないものを「欲しい」と思ったのは（といって買えたわけではないが）、あれが最初の古本屋体験だったかもしれない。そのうちに自分が古本屋になってしまった。

十年ほど前、古書の大きな入札会に『和楽路』という四冊のガリ版雑誌が出品された。但し書きには「昭16年。吉本隆明文献？」とあったが、中に吉本の名前は見当たらない。

ふと『墜ちよ！　さらば——吉本隆明と私』（川端要壽・昭和五十六年）にこの名前があったように思い、神保町から国会図書館まで調べに行った。

著者の川端と吉本とは東京府立化学工業学校時代の同級生で、『和楽路』（昭和十六年）は十七歳の頃に一緒に出していた同人誌だった。ここに吉本の名が見当たらないのは「哲」の筆名を用いていたからだった。

後に（昭和三十八年）、川端は吉本に強い反感を抱き、持っていた吉本の著作を古本屋に持ち込む。その中に四冊の『和楽路』があった。四十部ほどを謄写版印刷しただけだから、川端によればこれが「現存する唯一」のものだったという。

「吉本さんはこのことをご存知なのですか」と問う古書店主に、「関係ない、これは私のものだ」と川端は切り返す。吉本とも付き合いのあった古書店だったのだろう。その稀少さも十分理解していた。結局、『和楽路』を五万円で引き取る。当時としては破格の古書価だ。

五十年が過ぎて、どこをどう巡ってきたのか、その四冊が戻ってきた。こんなことがあるのかと驚きながら、物語の続きを編むように私はそれを懸命に落札した。

吉本隆明には、昭和十九年に米沢で出した『草莽』という詩集がある。二十部ぐらい作ったそうだが、見たこともなければ、見たという人も知らない。こればかりは、どうにもならない一冊だ。

■某月某日

山の上ホテルをぬけて、錦華公園の坂道を下ると、小さな印刷屋が何軒も並んでいた。といっても、四半世紀も前のことだ。いつも印刷機の音がしていて、軒下には洗った活字を干していた。大宮印刷があったのもこの辺りだった。

あの頃は、古本屋の在庫目録も活版で印刷していた。

一冊の書籍を作るのと同じほどの経費がかかるのだから駆け出しの古本屋には大きな負担だった。しかも、古書目録には書名や人名に旧漢字やレアな漢字が多いので、引き受けてくれる印刷所も限られていた。

大宮さんは家族でやっている小さな印刷屋だった。同業の先輩の何人かがここで古書目録を作っていて、私もその紹介で印刷をお願いした。先輩たちは大宮さんとは飲み仲間で、「こいつは駆け出しなんだからうんと安くしてやってくれ」と頼んでくれた。

あれから、バブルがやって来た。この街にも地上げという言葉が飛び交った。古本屋にもワープロが入り、それがパソコンに変わっていった。神保町の裏通りから印刷機の音が消え、大宮さんも引っ越していった。

連休の一日、「活版フェスタ２０１２」という催事に出かけた。ここに参加している山元伸子さんのヒロイヨミ社が、以前、尾形亀之助の詩集を少部数作って、それが素晴らしいものだった。大きさも素材も違う紙に詩を一篇ずつ印刷して、未綴じのまま紙のケースに収める。

尾形は大正アヴァンギャルドのなかから登場した。印刷が身近なものになったこの世代は、実験的な書物や雑誌を送り出す。その彼らがどうしてこの形を思い浮かばなかったのだろうか。いや、そんな面白さが印刷にはまだ残っているのだ。

フェスタの会場で、今も活版にこだわっている人たちの仕事を見ていて、私はふと大宮印刷のことを思い出した。活版に特別なこだわりがあったというのではない。ちょっと偏屈な（でも気持ちの優しい）町の印刷屋だった。それでも、ものを活字にするということに、きっと大宮さんなりの面白さもあったのだろう。そんな話も聞くこともないまま、あの頃の神保町の裏通りは姿を変えていった。

■某月某日

練馬区立美術館で「バルビエ×ラブルール展」を見た。といっても、バルビエやラブルールが大好きというのではない。それどころか、ラブルールは実は初めて聞く名前だった。

二人とも一九二〇〜三〇年代の、いわゆるアール・デコの時代に活躍した画家で、優れた挿絵本やファッションプレートを遺している。

この展覧会はフランス文学者の鹿島茂さんのコレクション展だった。つまり鹿島さんが蒐集した古書がずらりと並ぶ。それが見たかった。

『子供より古書が大事と思いたい』（青土社）や『それでも古書を買いました』（白水社）には、この人の尋常ならざる古書への情熱が溢れている。フランスの魅力的な稀覯本や挿絵本は一冊が数十万、数百万もする世界だ。もちろん、鹿島建設の御曹司ではない。これを手に入れるために、家を抵当に金融機関からの借金を重ね、沼地を進むように古書を買い続けた。情熱的な人というより、自制心を保ちにくい人といった方がいいのかもしれないが、いずれにしろ極めて魅力的なコレクションを築くこととなった。

この展覧会では鹿島さん自身がギャラリートークをされた。コレクターがキュレーターとなって一点ごとに解説していく。すなわちコレキュレーターという新分野を開拓するというのだが、これが本当に楽しい時間だった。

美術館や博物館が予算で購入したものではない。一個人が、欲しくて欲しくて、満身創痍で入手の叶った美書の数々だ。その魅力を語る言葉は実感的だし、文字通り情熱的だ。そんな話は聴く側も幸せにする。

一九二〇〜三〇年代、日本は一円本全集（円本《えんぽん》）による空前の大量出版の時代を迎えていた。すると、それに抗するように個性的なリトルプレスがいくつも登場する。秋朱之介の以士帖印《えすてるいん》社。五十沢二郎のやぽんな書房、鳥羽茂のボン書店、平井博の版画荘……。彼らは身を賭すように書物を送り出し、いつのまにか姿を消した。

鹿島コレクションを見ていて、あの時代、彼らが息をのむように垣間見たのものが、私にもわかったような気がした。彼らもまた沼地を進むようだったが、でも幸せであったに違いない。

■某月某日

大森の坂をのぼって、山王の天誠書林を初めて訪ねたのは、夏の暑い日だった。もうずいぶん前のことだ。

その頃、私は昭和の初頭に紀伊國屋書店が出していた美術雑誌『アルト』を探していた。自店の古書目録で「一九三〇年代の紀伊國屋書店」というテーマの特集を作っていて、この雑誌だけがどうしても見つけられないでいた。

そんな頃、天誠書林の和久田誠男さんから「あなたが探している雑誌が入りましたよ」と電話をいただいたのだった。

まるで書斎のような静かな店で、本当に嬉しそうにその雑誌を手渡してくれた。いや、嬉しいのは私のはずなのに、「よかったね、見つかって」と、和久田さんは私より喜んでいた。

古本屋さんには異色の経歴の持ち主がいて、和久田さんもその一人だった。気骨の力士天竜を父に持ち（本人は痩せぎすの読書人というふうであったが）、六〇年代末からは浪漫劇場で三島由紀夫の片腕となって活躍した演出家だった。そういうことを得意げに話す人ではなかったが、一つだけ自慢の話があった。それは中学生の頃から山王書房に通っていたことだった。

山王書房は文学書で知られた小さな古本屋だ。店主の関口良雄が昭和五十三年、還暦を前に亡くなりこの店は幕を閉じる。それでも、関口の遺稿となった随筆集『昔日の客』は長く読み継がれ（二年前には夏葉社から復刊された）、本好きの間でこの店の名はいまも伝説になっている。その山王書房に毎日のように通っていたというのだ。

和久田さんはこの二月に亡くなった。葬儀の最後に「夢だった古本屋になれて幸せだったと思います」とご家族が挨拶された。五十歳を過ぎてはじめた古本屋だった。

私は、山王書房を本の中でしか知らないが、客が探していた本をあんなに嬉しそうに手渡すのを、そうかあれが山王書房だったのかと、ずいぶん後になって気づいたものだ。なるほど、昔日の客は大切な夢を繋いでいたのだった。

■某月某日

古書の入札会に行くと、「××番の出品番号の本には書き込みがあります」というアナウンスがあった。個人の蔵書がそのまま売り立てになっているようで、四〜五千冊はあったろうか。もちろん一括の入札ではなく、細かく仕分けされている。

中心は易学の本で、神秘学、神話、伝説、郷土史、心理学、性、風俗と広がっている。旧蔵者の興味の地層をみるようだが、ほとんどを古書で購入している。というのは、その「書き込み」だ。

この旧蔵者は、すべての本の巻末に、それをいつどこで買ったかを書き入れている。それも、隅っこに小さくではなく、わりと大きな字で、しかもちょっとした感想も添えている。たとえばこんなふうだ。

「1986年3月×日　ぐろりあ古書展にて求む。1200円。先日西武百貨店古書市で500円で見かけた。これは掘り出し物である」とか、「2002年11月×日　がらくた展。500円。せっかく出かけたのに買うものがなく、手ぶらで帰るのも悔しいのでこれを求む」とか、

「（桃色なんとかいう本の巻末に）２００1年5月×日、××書店。８００円。題名が面白そうなので求めたが、読んでみたら全く面白くない。損をした」などと。

これが四〜五千冊の全てに書かれている。なかには江戸期の高そうな和本もあり、まさかここにはと巻末を見ると「この本は高かった」とサインペンで惜しげもなく書かれている。とにかく、何かを書かずにはおれないのだ。

私は、本そのものにはあまり興味を持てなかったが、この書き込みを読み出したら止まらなくなった。もしこれを編年順、日付順に並べてみたら、市井の（しかもちょっと変わった）人のすこぶる面白い古本日記が現れる。読んでみたい。最後はどんな言葉なのだろう。数時間後にこの数千冊が分散していくのかと思うと、まるで奇蹟に立ち会っているような気がした。もちろん錯覚である。目の前に並んでいるのは、古い易学書であり郷土史文献なのだ。

「痕跡本」という言い方が流行った。古本の書き入れを欠点ではなく、別な物語の破片として愉しもうというのだ。たしかに、誰に向けてなのかはわからないが、本に痕跡を残す人は多い。この易学書の口も尋常でない痕跡本であったのかもしれない。しかし、人の痕跡そのものはこんなにあっけなく消えていくものなのか。

■某月某日

以前、『マヴォ』という雑誌の刊行人を調べたことがある。一九二〇年代に村山知義や柳瀬正夢が参加した前衛芸術誌だ。本文に古新聞紙を使ったり、表紙にかんしゃく玉を貼り付けたり、七〇年代にだってこんなに破天荒なものはない。雑誌というよりまるでオブジェだ。日本のアヴァンギャルドを象徴する雑誌だが、ではこれを発行した長隆舎書店とはどんなところだったのか、刊行人の畑鋭一郎とは何者だったのか、ということは、文学史や美術史に一行の記録もない。

よく、作家の集合写真に「一人置いて誰々」とあるが、その一人置かれるのがこうした人たちだ。

この夏、デザイン誌『アイデア』(誠文堂新光社)が「日本のオルタナ出版史1923―1945」という特集を組んだ。副題には「ほんとうに美しい本」とある。

目次に並ぶのは五十沢二郎(やぽんな書房)とか秋朱之介(以士帖印社)、平井博(版画荘)や平井功(游牧印書)という聞き慣れない名前ばかりだ。彼らは個性的なリトルプレスの担い手で、つまり出版社の編集者としてではなく、ほとんどが一人で本を作った人たちだ。

この特集は、書物を著者や装丁者で分けるのではなく、こうした刊行者たちの作品として区分した。これを見ていると、その時代のシンボリックな書物は名もなき小さな担い手によって送り出されていたことがわかる。いや、戦後の書肆ユリイカの伊達得夫を加えれば、昭和三十年代までそんなことが続いていたのだ。

昭和初頭のエンポン(一円全集)ブームは空前の大量出版・大量消費を生みだした。出版が産業化し、そのカウンターのように小さな刊行者たちが登場する。と、すれば、今だって状況はそう変わらない。出版は一人でもできる。

私は古本屋だから、彼らの遺した書物をよく見てきた。印刷部数が多いわけではない。作家たちはインディーズの版元に寛容であり、読者はそれを大切なものとして長く手元に置いた。後の私たちが出会っているのはその豊饒なのだ。

「姿あるものは、姿なきものの影」という言葉をしきりに思い出した。無名な魂が落とした影を「ほんとうに美しい本」と名付けたのは、素敵なことだった。

二〇一三年

■某月某日

昨年の秋、別冊『本の雑誌』として『古本の雑誌』が出た。一冊まるごと古本、古本屋の話が満載だ。

ここに「全集の古書価はこの10年間でどう変動しているのか」という記事がある。これは一九九八年に載ったものの再録なので、一九八九年から九八年の十年間の変動だ。

たとえば『伊藤整全集』は八九年に二十二万円だったが九八年には十四万円。『鷗外全集』も七万八千円が五万六千円と値を下げているが、一方で、『明治文学全集』(筑摩書房・全百冊)のように三十五万円が五十五万円と値を上げているものもある。

古書の世界で全集物は花形だった。神田でも早稲田でも、そこを古書店街らしくしていたのはズラッと並ぶ各種全集の姿だった。品切れになって古書価が上がり、新しい版が出て値が下がる。よくあることだった。しかし二〇〇〇年代に入るとそうしたことと関係なく全集は急速に人気を失っていく。

私は一九八〇年に古本屋をはじめた。在庫らしい在庫もないなかで、学生時代の友人から『鷗外全集』を頒けてもらった。思えば、学生がバイトの稼ぎで全集を買っていたのだ。その頃『鷗外全集』は業者市でも十万円を超える高額品だった。駆け出しの古本屋には本当に嬉しい（というか誇らしい）在庫で、売価を十二万円にするとすぐに売れた。その栄光の『鷗外全集』が九八年には半分以下となり、現在の古書価をインターネットで調べると、三十八冊揃（つまり同じ物）の最安値はなんと九八〇〇円だった（送料ではない）。『鷗外全集』だけではない。二十二万円が十四万円に下がっていた『伊藤整全集』は一万八千円。五十五万円に値上がりしたという『明治文学全集』一〇〇冊揃は現在六万円である。他の全集類も似たようなものだ。

これをデフレと嘆くことができればまだ幸せなのだが、きっとそうではない。床の間や応接間が家庭から消えたように、個人が「全集」を持つという風習そのものが、どうやら終わりかけているのだ。マホガニーの書棚に世界文学全集が並ぶ光景は、もう「昭和の暮らし展」でしか見られなくなる。

『古本の雑誌』は好評のうちに重版されたというが、人々の風習のなかで、われわれ古本屋は今どのあたりにいるのだろうか。

■某月某日

昨年の末に堀切利高さんが亡くなった。八十八歳だった。

一九八五年、私たちは小さな出版社を立ち上げた。私たちというのは、三十代の古本屋三人と、還暦を迎えようとしていた堀切さんだ。

堀切さんは高校の教員を退職して、『荒畑寒村著作集』の編集委員を務めるなど在野の研究者として活動していた。

この出版社は、たとえば古本屋が独自に出版をするとき、それを流通に乗せる共同のテーブルを作ろうという試みだった。一応株式会社で、社是は「各自生活手段は別途確保すること」。凄いものだった。

ランニングコストを捻出するために『彷書月刊』という月刊誌を発行した。だが、これに追われるばかりとなる。

神保町に借りた小さな事務所に私たちは毎日のように集まった。編集の経験などなかったから、創刊号を出すのも一苦労だった。やがて二十代の専従編集者が加わり、雑誌がまわりはじめると、事務所はさながら古本好きの梁山泊となっていった。

あの頃、在野の研究者には恐ろしいほどの「古書の目利き」がいたものだ。堀切さんを訪ねて誰かが顔を出し、「こんなものを見つけたよ」と話をしていく。それを間近で聴けたのは愉快な時間だった。

堀切さんは雑誌に関わり、伊藤野枝の全集を編集し、この国の初期社会主義のアーカイブを整備していった。還暦を過ぎてからの仕事だ。

『彷書月刊』は紆余曲折を経て二〇一〇年に終刊した。創刊メンバーの一人、なないろ文庫の田村さんが最後まで支えたが、闘病の末に亡くなった。そう、ちょうど還暦だった。三十代だった古本屋はようやく創刊の頃の堀切さんの年齢になったのだ。

もし、これから若い(しかも生意気な)古本屋と一緒に月刊誌を立ち上げようと言われたら、私にはとうていできそうもない。あれは、どれほどの根気とおおらかさであったのか。

通夜に向かう電車の中で、そういえば四人で撮った写真が一枚もないことに気づいた。撮っていればずっと若い堀切さんが写っていたのだろう。なにしろまだ還暦だ。

■某月某日

入札会で新聞小説の切り抜きのコレクションを落札した。どういうものかというと、新聞の連載小説を毎日切り抜き、これが半年ほどで完結すると(百回以上になるのだが)、紐で綴じて一冊にする。連載小説は横に長いレイアウトなので、この形で分厚くなると、まるで羊羹棒のようになる。とても持ちづらい。本棚にも入らない。いや、どこにも入らない。あまりいいことはないと思うのだが、切り抜かずにはおれない人はいるもので、この「切り抜き趣味」は古くからあるカテゴリーなのだ。

今回落札したのは明治から大正時代の新聞小説で、三〜四十種類ほどもある。単行本化されずに、ここでしか読めないものもある。だが、妙味は毎回の挿絵で、これは単行本では省かれるので、連載でしか見られない。

夏目漱石の「明暗」があった。大正五年五月から東京朝日新聞で連載がはじまり、十二月に漱石の病死で終わる。その全百八十八回を上下二冊（形状からいえば二本）にしている。

欠号がないかを調べていると、毎回の裏側に載っているその日の新聞記事が気になってしょうがない。いや、気づくとこちらを夢中で読んでいる。

たとえば、第六回の裏には「印度詩聖タゴール神戸到着。河口慧海とともに横山大観が歓迎」とある。

そうか、漱石もタゴールを読んでみようかと思ったのか。六月にはアート・スミスの曲芸飛行に、日比谷・丸の内一帯は身動きも出来ぬほどの人出だったとある。そうか、漱石も飛行機の宙返りを想像したのだ。と、いちいちが面白い。

大隈重信爆弾事件という記事が何度か出てきた。大隈は明治時代に爆弾で重傷を負ったが、これは大正五年に起きた未遂事件だ。このときの爆弾は不発に終わった。五月には、帝大助教授がこの不発弾について「ほとんど爆破能力なし」と「被告側に有利な鑑定」をした。それでも六月二十日には主犯福田和五郎に死刑が求刑され、七月に「判決は無期懲役」と続く。その一連の記事がたまたま「明暗」の裏側に載っている。

調べてみると、漱石の『草枕』のヒロイン那美のモデルとなったのは前田ツナという熊本の名家の娘で、その実弟（前田九二四郎）がこの爆弾事件の被告だった。連載四十四回の裏には九名の被告の判決一覧が載る。新聞の連載小説の切り抜きは、なるほど、その時間も一緒に切り取っている。

■某月某日

山口昌男さんが亡くなった。

その日、東京は激しい砂嵐が吹いて、山口さんが慌ただしく立ち去っているようだった。そういえば古書展でも、それこそ砂塵を巻き上げるように古本を積み上げたものだ。

もう二十年ほど昔、東京外骨語大学という小さな集まりができた。外骨は好奇心の権化＝宮武外骨に由来するものだ。学長が山口さんで、助教授（なぜか教授ではなくて）が坪内祐三さん。学生三人は古本屋で、なないろ文庫の田村治芳（『彷書月刊』編集長）、月の輪書林の高橋徹、そして私だった。何かを勉強するような会ではない。集まっては古本の話をして、淡島寒月の忌日だといえば、寒月の軸を掛けて皆で鍋をつついた。

神保町では、司馬遼太郎とか松本清張、井上ひさしが新作に取り組むと、古本の相場が上がるといわれた。この作家たちは参考文献の収集を懇意の古書店に任せていた。その店が役に立ちそうな文献や研究書を大量に集めはじめるのだ。無駄のないきっちりとした品揃えだったのだろう。

山口さんはおよそ真逆のタイプだった。

山口さんは古書展を駆け回った。そして、本人が言うところの「駄本雑本」を山のように積み上げた。謙遜ではなく、私たち古本屋からもそう見えた。それでも、山口さんが拾い上げたその一冊、たとえば明治時代の無名な商店主の伝記に、思いもよらない人の繋がりを発見し、それまで見えなかったネットワークが浮き彫りになっていく。その熱弁を聴いていると、面白い古本はまだまだ埋もれているのだと、わくわくしたものだ。

それこそが外骨語大学の真骨頂で、その熱弁は、信号待ちの路上だろうが、電車の中だろうが、突然はじまるのであった。

山口さんは、古書会館がまだ平屋の頃（つまり昭和三十年代）から古書展に出かけていた。それだけ見ていれば、古書の玄人になるはずだが、そうはならなかった。好奇心を旺盛に保ち、古本の現場で駄や雑なものに目を向け続けた。

いつだったか、山口さんと待ち合わせをするのに、その時間にある出版社で社長と会っているから、社長室に来いと言われた。勘弁してくださいと、私はその会社の受付で待った。やがて山口さんが見送りの社長と一緒に降りてきた。山口さんは親子ほど若い私のことを「友達です」と紹介した。私は戸惑いながらおじぎをした。

還暦を過ぎても、古希を過ぎても、慌ただしく、自由で、なによりも平等な人であった。

■某月某日

『札幌古書組合八十年史』（二〇一三年）を読んだ。本当に面白かった。通史と各世代の座談会が三つ、それに詳細な年表が加わって四百頁にわたる。私は古本屋だから、社史や何十年史と名のつくものはずいぶん見てきた。出版社の社史はそれ自体が文学史の資料のようだし、作家や編集者が多く通う酒場の記念誌にも興味はそそられる。しかし、書物の周りの市井の記録は少ない。

この本はそんな一冊だ。

北の街で古本屋をはじめ、同業者の古本市場（交換会）を作り、学ぶことを怠らない、そんな日々が淡々と記録されている。

たとえば、昭和六十年。幌北会館で初市を開く。出来高は百六万円。すこぶる好調とある。三月、帯広で釧路古書組合主催の入札会（この頃の釧路、帯広の古本屋の活気を知る）。四月、古書ブランメルが新規加入。若い店主が洒落た店を作って話題になる（だが翌年火災で全焼）。五月、小樽の文屋書店が店じまい。その在庫の売り立てに梶井基次郎の『檸檬』の初版があった。サッポロ堂石原誠の担当で「札幌古書組合連絡版」をガリ版刷りで発行。地方にも郵送した。納涼入札会を開催。昼には千二百円の三段弁当を出した。特別ではない日々は面白いし、なによりもいとおしい。

ガリ版刷りの通信を見て、私も札幌の夏の入札会に出かけた。駆け出しで、一人の知り合いもいなかった。その若造を「よく来た」と石原さんが万事面倒を見てくれた。豪華な弁当を遠慮していたら、まだ学生のような若い人が私の席を作って、お茶まで入れてくれた。その高木君が、いま札幌古書組合の理事長で『八十年史』の刊行人になっている。

巻末には新人古本屋の座談会もある。古本屋がネット化されていくなかで「自分もコンピューターの一部になったような気がする」という感想から、セレクトされた本の話に進む。ここは、真っすぐであることを疎外しない。今も昔もだ。

ベテランの座談会に愉快な逸話があった。昭和二十年代の札幌で、繁盛店がいかに売れていたかという喩えに「（その店は）三時のおやつにメロン食べていた」という。司会が「それはわかりやすい話で（笑）」と引き取るのが、また可笑しかった。

あとがき

『図書新聞』に「古書肆の眼」という小さなコラムを連載している。月に一回で、それがもうすぐ二百回になる。はじめの半分ほどは二〇〇一年の『石神井書林日録』(晶文社)に入った。もう十二年も前だ。

そのとき、友人たちが記念の会を開いてくれた。神保町から水道橋へ向かう途中の、気安いイタリアレストランだった。『彷書月刊』の編集部にいた皆川君がその日の写真をたくさん撮ってくれた。その頃は、いつも顔を合わせている人たちが集まったのだと思っていた。

司会は『彷書月刊』の田村さんで、商売は下手だったけど、こういうことは抜群に上手かった。写真を見るとみんな笑っている。その笑っている人の何人かがもういないのだから、十年は本当にひと昔だ。

私は相変わらず古本の市場(入札会)に通っている。見たこともない本に出会えば、ここぞとばかりの入札をして、それでも首尾よく得ることは少ない。せめて「思うようにはいかない」

ぐらいのことは知りたいが、それもままならない。
『図書新聞』の連載を編集部の蓑田知佐さん、彼女が退社した後は辻野瑛留さんが面倒をみてくれた。私は、冗談で「これは連載ではなく投稿です」と言ったことがある。月に一度、古本屋からの通信が届いて、これはその十年分の一束だ。

中川六平さんが晶文社に復帰すると、「あの続きを作ろう」と言ってくれた。嬉しかった。私は「古本の時間」というタイトルがいいと言った。そして、この時間の一束を、平野甲賀さんがこんなに素敵な本にして下さった。

お世話になった人たちへ、そしてこれを手にとって読んで下さった方へ、お礼を伝えたくてこのあとがきを書いた。

二〇一三年　夏

内堀　弘

【初出一覧】

I

降ってくる〝虹の破片〟を買って

「日録・殿山泰司と沢渡恒」『彷書月刊』二〇〇二年六月号

「神保町と山口昌男さん」『山口昌男著作集4（栞）』二〇〇三年二月

「テラヤマを買う」『KAWADE 夢ムック文藝別冊　寺山修司』二〇〇三年三月

「読書日和――本作りの現場の本」『週刊朝日』二〇〇四年七月三〇日号

「追悼・岩森亀一」『en-taxi』二〇〇四年冬号

「古本屋の雑記帳」『朝日新聞』二〇〇五年六月二〇日・二十一日・二十三日・二十四日・二十五日

「コルシカさんのこと」『APIED』五号、二〇〇四年

「古書肆の眼・日録(I)」『図書新聞』二〇〇一年十月二〇日〜二〇〇五年十一月十二日

II

まるで小さな紙の器のように

「吹きさらしの日々」志賀浩二『古本屋残酷物語』解説、二〇〇六年四月

「日記の中の古本屋――『ある古本屋の生涯』（青木正美著）」『図書新聞』二〇〇七年三月十七日

「ちくまの古本」『ちくま』二〇〇六年五・六・七月号

「古本屋大塚書店」『CABIN』第九号、二〇〇七年

「優れた火災の完了――詩人　塩寺はるよ」『初版本』創刊号、二〇〇七年七月

「あのとき、あの場所の一冊――中勘助『飛鳥』」『週刊朝日』二〇〇七年九月二十一日号

「まるで小さな紙の器のように――詩集の古本屋」『彷書月刊』二〇〇八年九月号

「消えた出版社を追って」『ちくま』二〇〇八年十一月号

「岩佐東一郎のこと」岩佐東一郎『書痴半代記』解説、二〇〇九年四月

「深夜食堂」『古書月報』四三九号、二〇一〇年四月
「古書肆の眼・日録(II)」『図書新聞』二〇〇六年一月二十五日～二〇〇九年十月三十一日

III

驚くような額を入札し、それでも買えない
「古本の時間」『群像』二〇一〇年五月号
「四十一年前の投稿欄――詩人 帷子耀」『en-taxi』二〇一〇年冬号
「ドン・ザッキーの背中」青木正美『ある「詩人古本屋」伝―風雲児ドン・ザッキーを探せ』解説、二〇一一年二月
「『彷書月刊』のこと」『彷書月刊』二〇一〇年七・八・九月号
「追悼・田村治芳」『en-taxi』二〇一一年春号
「書物の鬼」『社会文学』三十四号、二〇一一年六月
「冬の音」『冬の本』（夏葉社）二〇一二年十二月
「年末年始古本市場日記」『本の雑誌』二〇一三年四月号
「古書肆の眼・日録(III)」『図書新聞』二〇一〇年一月一日～二〇一三年七月十三日

※掲載にあたり、一部のタイトルを変更しています。

著者について

内堀 弘（うちぼり・ひろし）

一九五四年神戸生まれ。青山学院大学中退。東京は石神井で詩歌専門の古書店「石神井書林」を営む。

著書に『石神井書林 日録』（晶文社）、『ボン書店の幻―モダニズム出版社の光と影』（ちくま文庫）など。

古本《ふるほん》の時間《じかん》

二〇一三年九月一〇日 初版

著者 内堀弘
発行者 株式会社晶文社
東京都千代田区神田神保町一―一一
電話（〇三）三五一八-四九四〇（代表）・四九四二（編集）
URL http://www.shobunsha.co.jp

印刷 株式会社堀内印刷所
製本 ナショナル製本協同組合

ISBN978-4-7949-6911-8 Printed in Japan